Karim Choukair

Frettchen

Fotos: Christine Steimer
Zeichnungen: Johann Brandstetter

INHALT

Anschaffung und Eingewöhnung 4

Typisch Frettchen 4
Entscheidungshilfen 6
Glücklich allein oder zu zweit? 7
Was ist ein Frettchen? 9
Frettchen-Geschichte 9
Woher Sie Frettchen bekommen 10
Rüder oder Fähe? 11
TIP: Dauerranz – ein tödliches Problem 11
Im Porträt: Frettchen 12
Ein Heim zum Wohlfühlen 14

TIP: Frettchen ABC 14
Das Schlafhäuschen 15
Wichtiges Zubehör 16
Checkliste: Ausstattung 17
Praxis Eingewöhnung 18

Der richtige Umgang im Alltag 21

Frettchen aneinander gewöhnen 21
Freilauf in der Wohnung 22
TIP: Kinder und Frettchen 23
10 Goldene Regeln für das Zahmwerden 24
Richtiges Hochnehmen und Tragen 25

Tabelle: Gefahren 26
Das Spaziergang im Freien 27
Kann man Frettchen erziehen? 28
Gesunde Ernährung 29
Versorgung im Urlaub 30
Checkliste: Ernährung 31
PRAXIS Pflege 34
Frettchen züchten 36
TIP: Fähen sind gute Ammen 38

Verhalten und Beschäftigung 41

Verhaltensweisen, die Sie kennen sollten 41
Was das Frettchen von sich hören läßt 43
TIP: Frettchenfreunde treffen sich im Internet 43

VerhaltensDolmetscher	44
Der typische Geruch des Frettchens	46
Das bissige Frettchen	46
Tabelle: Körper- und Lautsprache	47
Die Sinnesleistungen	48
Spiel und Spaß mit dem Frettchen	49
PRAXIS Beschäftigung	50

Gesundheitsvorsorge und Krankheiten	**53**
Krankheitsanzeichen, die auffallen	53
Das Entwurmen	53
Wichtige Schutzimpfungen	54
Die häufigsten Krankheiten	55
Die Kastration	58
Der Haarwechsel	58
Tabelle: Krankheiten rechtzeitig erkennen	59

Anhang	**60**
Register	60
Adressen und Literatur	62
Wichtige Hinweise	63
Impressum	63
EXPERTEN-RAT	64

TYPISCH FRETTCHEN

- Frettchen gelten als Haustierform des Iltis.
- Als Raubtiere sind sie vorwiegend Fleischfresser.
- Werden handzahm und sind verspielt.
- Benötigen einen sehr großen Käfig mit Schlafkiste.
- Sind tagaktiv, ruhen aber einige Stunden während des Tages.
- Lieben es, beim täglichen Freilauf die Wohnung zu durchstöbern.

Bis vor wenigen Jahren wurden sie vor allem von den Jägern geschätzt: die marderartigen Tiere mit dem schlanken Körper, den kurzen Beinchen und dem nadelspitzen Gebiß. Frettchen dienten als viel beschäftigte Helfer bei der Jagd auf Kaninchen.
Heute erfreuen sich die Frettchen immer größerer Beliebtheit als zahme Hausgenossen, auch ohne sich ihr »täglich Brot« bei der Jagd verdienen zu müssen.
Das Frettchen ist ein Raubtier und gehört zur Familie der Marder. Es gilt als die gezähmte Haustierform des Waldiltisses. Frettchen haben ein sehr verspieltes freundliches Wesen, ja, man kann sie geradezu als kleine Kobolde bezeichnen. Bei guter Pflege und intensiver Zuwendung werden sie besonders zahm und machen »ihren« Menschen viel Freude.

6 ENTSCHEIDUNGSHILFEN

1 Frettchen können acht bis zehn Jahre alt werden. Solange müssen Sie für Ihr Tier sorgen.

2 Frettchen stellen besondere Anforderungen an Pflege und Futter (→ ab Seite 21 und 29).

3 Die Marderartigen fühlen sich in einem großen Gehege wohl. Haben Sie genug Platz dafür?

4 Handzahm wird ein Frettchen nur bei ausreichend Zuwendung und entsprechendem Einfühlungsvermögen.

5 Ein Frettchen braucht unbedingt täglich mehrstündigen Freilauf (unter Aufsicht).

6 Bei falscher Behandlung kann das Frettchen auch schon mal zubeißen. Haben Sie Verständnis dafür?

7 Das Frettchen muß jährlich gegen einige mögliche Krankheiten vom Tierarzt geimpft werden (→ Seite 53). Sind Sie bereit, die Kosten hierfür aufzubringen?

8 Als Marderartiger hat das Frettchen einen typischen Eigengeruch. Daran müssen Sie sich gewöhnen.

9 Haben Sie schon Heimtiere, die sich womöglich nicht mit dem Frettchen vertragen? (→ Nager, Seite 22)

10 Frettchen fühlen sich in Gesellschaft mit Artgenossen am wohlsten. Können Sie auch zwei Tiere bei sich aufnehmen?

Glücklich allein oder zu zweit?

Frettchen sind sehr gesellige Tiere. Artgenossen tollen miteinander im Käfig, kuscheln zusammen in ihrer Schlafkiste, fressen aus einem gemeinsamen Futternapf und putzen sich sogar gegenseitig. Wenn möglich, halten Sie also besser zwei Frettchen. Bedenken Sie dabei auch, daß ein berufstätiger Mensch meist nur am Abend Zeit für die Tiere hat. Selbst wenn Sie sich vorgenommen haben, sich ausreichend mit dem Frettchen zu beschäftigen, zwei Tiere machen bestimmt mehr Freude als ein einzeln gehaltenes.

Ideal ist es, zwei Wurfgeschwister zusammen großzuziehen. Rüde und Fähe leben in der Regel sehr harmonisch zusammen. Wurfgeschwister dürfen jedoch nicht miteinander verpaart werden, sonst kann es zu Inzucht-Schäden kommen. Lassen Sie in diesem Fall eines der Tiere kastrieren (→ Seite 58). Zwei Rüden vertragen sich meist schlecht miteinander, und auch zwei Fähen können sich in der Paarungszeit gegenseitig stören.

Hinweis: Gleich welche Fellfarbe oder welches Geschlecht, zahm wird ein Frettchen bei genügend Zuwendung allemal.

ANSCHAFFUNG UND EINGEWÖHNUNG

Frettchen sind trotz steigender Beliebtheit immer noch recht exotische Hausgenossen. Wer sich dazu entschlossen hat, diese liebenswerten Tiere bei sich aufzunehmen, sollte ihren Kauf sorgfältig planen und sich mit den Lebensansprüchen der bewegungsfreudigen Frettchen vertraut machen.

Was ist ein Frettchen?

Das Frettchen ist die Haustierform seines wildlebenden Verwandten, des Iltis.

Ursprünglich hat sich der Mensch den natürlichen Jagdinstinkt des Frettchens zu Nutze gemacht. Noch heute wird es von Jägern als geschickter Jagdhelfer bei der Wildkaninchenjagd, in der Jägersprache Frettieren genannt, eingesetzt. Das schlanke und sehr gelenkige Frettchen schlüpft oder »schlieft«, wie es in der Fachsprache heißt, in den meist engen Kaninchenbau und treibt die Langohren hinaus. So können die Kaninchen leicht von den Jägern erlegt werden. Frettchen gehören zur Ordnung der Raubtiere und zur großen Familie der Marderartigen (*Mustelidae*). Mehr als sechzig Arten zählen heute zu den Marderartigen. Immer wieder wird daher das Frettchen von Laien fälschlich als Hermelin oder Wiesel, Stein- oder Baummarder und sogar als Nerz bezeichnet.

Das heute bekannte Frettchen (*Mustela putorius furo*) ähnelt von seiner Gestalt her dem wilden Iltis zwar, ist jedoch vom Wesen her völlig unterschiedlich. Frettchen sind wesentlich ruhiger und träger. Sie ermüden schneller, haben eine schwächere Kondition und finden sich in der freien Natur nicht mehr zurecht. Frettchen sind deshalb unbedingt auf den Menschen, dessen sorgfältige Pflege und Fütterung angewiesen.

In der freien Natur würden Frettchen nach wenigen Tagen zugrunde gehen.

Frettchen-Geschichte

Wann genau das Frettchen zum Haustier wurde, ist heute nur schwer nachvollziehbar.

Bekannt ist allerdings, daß schon Aristoteles im 4. Jahrhundert v. Chr. von Frettchen als Helfer bei der Jagd erzählt. Auch Plinius, 23 bis 79 n. Chr., berichtet von den Frettchen, die Kaiser Augustus auf die Baleareninseln bringen ließ, um der dort herrschenden Kaninchenplage entgegenzuwirken.

Die »alten« Römer nutzten ebenfalls das Frettchen als Jagdhelfer. Legionare versorgten sich mittels des Frettchens mit frischem Kaninchenfleisch. Im 14. Jahrhundert wird ein weißes, marderähnliches Tier erwähnt, welches man in Deutschland und England zur Jagd auf Wildkaninchen verwendete.

Der tägliche Freilauf ist für Frettchen ein besonderes Vergnügen und tut ihrer Gesundheit gut.

Anschaffung und Eingewöhnung

Frettchen-Steckbrief

<u>Länge und Gewicht:</u> Die Kopfrumpflänge des Rüden beträgt etwa 40 bis 60 cm, Schwanzlänge ca. 15 bis 20 cm; er wiegt 1500 bis 2000 Gramm. Die Fähe mißt 25 bis 40 cm, Schwanzlänge ca. 12 bis 15 cm, sie wiegt etwa 550 bis 850 Gramm.
<u>Alter:</u> Die Lebenserwartung liegt zwischen acht und zehn Jahren.
<u>Läufe:</u> An jedem Lauf hat ein Frettchen 5 Zehen, die Krallen kann es nicht zurückziehen, wie dies z. B. eine Katze tut.
<u>Gebiß:</u> Das Raubtiergebiß des Frettchens ist mit 34 Zähnen bestückt.
<u>Besonderheiten:</u> Das Frettchen hat keinen Blinddarm (→ Seite 31).

Woher Sie Frettchen bekommen

Es gibt mehrere Möglichkeiten, Frettchen zu erwerben:
✔ Adressen von Frettchenzüchtern erhalten Sie über Frettchen-Vereine und Clubs (→ Adressen, die weiterhelfen, Seite 62).
✔ In der regionalen Presse oder in Tierzeitschriften findet man immer häufiger Verkaufsanzeigen von Frettchenzüchtern.
✔ Auch einige Zoofachgeschäfte verkaufen von Zeit zu Zeit junge Frettchen.
Hinweis: In der Schweiz benötigen private Frettchenhalter eine Haltebewilligung. Sie ist beim jeweils zuständigen kantonalen Veterinäramt zu beantragen.

Worauf Sie beim Kauf achten müssen

Gleich, wo Sie Ihre Frettchen kaufen. Achten Sie unbedingt auf folgende Punkte:
✔ Machen Sie sich stets selbst ein Bild von den Haltungsbedingungen der Frettchen .
✔ Das Gehege, in dem die Frettchen gehalten werden, muß sauber und gepflegt sein. Lassen Sie sich beim Züchter die Haltungsanlagen zeigen, und betrachten Sie nicht nur die niedlichen Welpen im Wohnzimmer.
✔ Die Tiere sollten in einer hellen und freundlichen Umgebung leben und dürfen keinen ängstlichen Eindruck machen.
✔ Beobachten Sie, ob die Frettchen interessiert aus ihren Schlafhäuschen kommen und sich nicht aggressiv verhalten.
✔ Alle Tiere sollten gepflegt sein und ein sauberes Fell aufweisen.

Links der größere Rüde, rechts die Fähe. Frettchen sind sehr gesellig und sollten nicht einzeln gehalten werden.

Tips zum Kauf 11

✔ Züchter bzw. Zoofachhändler sollten liebevoll mit den Frettchen umgehen und Ihnen Tips zur Haltung und Pflege mit auf den Weg geben.

Das richtige Alter beim Kauf

Grundsätzlich sollten Sie ein möglichst junges Tier, einen Welpen im Alter von ungefähr acht bis zehn Wochen erwerben. Ein Welpe gewöhnt sich meist schnell ein und wird in der Regel ein sehr zahmer und verspielter Hausgenosse. Lassen Sie sich den Wurf am besten schon im Alter von etwa fünf bis sechs Wochen vom Züchter zeigen. Die jungen Frettchen sind jetzt in einer wichtigen Entwicklungsphase, der sogenannten Sozialisierungsphase. Jetzt lernt der Welpe, sich in einen sozialen Verband einzufügen, wie etwa in die Gruppe seiner Geschwister. Ein junges Frettchen sollte während dieser Zeit sehr viel Kontakt zum Menschen haben, damit es später entsprechend zutraulich wird.

Rüde oder Fähe?

Zwar werden Männchen und Weibchen gleichermaßen zahme Hausfrettchen, jedoch gibt es einige Besonderheiten bei Rüde und Fähe.
<u>Rüde:</u> Das männliche Frettchen wird manchmal doppelt so groß wie eine Fähe. Rüden wirken daher stämmiger und etwas eindrucksvoller. Die neben dem After liegenden Analdrüsen sind beim Rüden stark ausgebildet. Im Frühjahr, wenn die Paarungszeit der Frettchen beginnt, geht vom Rüden ein strenger Geruch aus. Die Kastration durch den Tierarzt kann hier Abhilfe schaffen. Nach diesem weitgehend unkomplizierten Eingriff behält der Rüde nur noch seinen weitaus milderen Eigengeruch.
<u>Fähe:</u> Weibliche Frettchen sind zierlicher als

T I P

Dauerranz – ein tödliches Problem

Die meisten weiblichen Frettchen, die als Heimtiere gehalten werden, bekommen nicht die Möglichkeit, einen Wurf Junge großzuziehen. Da aber nur der Deckakt den Eisprung und somit das Abklingen der Brunstsymptome auslöst, bleiben ungedeckte Fähen oft über Monate in der Ranz, der sogenannten Dauerranz. Durch die Dauerranz kommt es zu einem starken Anstieg des Geschlechtshormons Östrogen im Blut. Dies führt zur Schädigung des Knochenmarks. Das Knochenmark wiederum ist die Produktionsstätte für die weißen und roten Blutzellen. Können im Knochenmark nicht genügend Blutzellen hergestellt werden, entsteht ein lebensbedrohlicher Mangel im Blut. Die Tiere werden zusehens schwächer, haben blaße Schleimhäute und werden anfällig für Infektionen. Meist bekommen die Fähen Fieber und verenden, wenn man sie nicht rechtzeitig zum Tierarzt bringt. Fähen, die nicht zur Zucht benötigt werden, sollten unbedingt im Alter ab zehn Monaten kastriert werden (→ Seite 58).

Rüden. Im Alter von etwa neun bis zehn Monaten wird die Fähe geschlechtsreif und kommt in die sogenannte Ranz. Die Scheide des Tieres schwillt dabei etwa kirschgroß an und sondert einen klaren Schleim ab. Da Fähen, die nicht zur Zucht verwendet werden, zur Dauerranz neigen, die tödlich verlaufen kann, sollte man sie kastrieren lassen (→ TIP, oben).

IM PORTRÄT: FRETTCHEN

Am häufigsten ist bei uns das iltisfarbene Frettchen als Heimtier zu finden. Es sieht seinem wilden Verwandten, dem Iltis, am ähnlichsten. Doch inzwischen gibt es auch zahlreiche andere Farbvarianten wie z. B. das Siam-Frettchen oder das hübsche reinweiße Frettchen mit seinen dunklen Augen.

Siam-Frettchen nennt man diese zimtfarbene Variante, die bei Heimtierhaltern sehr beliebt ist.

Die Iltisfrettchen ähneln dem Iltis am meisten. Dieses Tier vergnügt sich im raschelnden Stroh.

Schneeweiße Frettchen mit dunklen Augen gibt es bisher nur selten.

Pandailtis-Frettchen haben ein helles Unterfell und dunkle Grannenhaare. Sie werden nur selten angeboten.

Goldfarbenes Steppeniltis-Frettchen.

Ein wunderschöner siamfarbener Harlekin.

Dieses pfiffige Harlekin-Frettchen erkennt man an weißen Brustfleck und den weißen Pfoten.

Foto Seite 12 unten: Albino-Frettchen haben rote Augen. Ihre Fellfarbe variiert zwischen weiß und intensivem Gelb.

Anschaffung und Eingewöhnung

Ein Heim zum Wohlfühlen

Frettchen sind bewegungsfreudige Tiere, die ein sehr geräumiges Gehege brauchen, um sich rundum wohl zu fühlen. Frettchen, die in zu engen Käfigen gehalten werden, zeigen schon nach kurzer Zeit aggressive Verhaltensweisen und neigen dazu, bissig zu werden.

Käfiggröße: Das Mindestmaß eines Frettchenheims sollte pro Tier mindestens 120 x 60 x 60 cm betragen. Im Zoofachhandel werden seit neuestem spezielle Frettchenkäfige angeboten. Gut als Unterbringung für Frettchen sind jedoch auch große Zimmervolieren für Vögel geeignet.

»Innenarchitektur«: Vogelvolieren haben nur eine geringe Grundfläche, sind dafür aber beträchtlich hoch. Um die Grundfläche für Ihre Frettchen zu vergrößern, sollten Sie mehrere Etagen aus Sperrholz in die Voliere einziehen.

Eigenbau: Wer handwerklich geschickt ist und Platz genug hat, kann sich selbst ein begehbares Frettchen-Gehege bauen (→ Zeichnung, Seite 15). Das Gitter besteht aus punktgeschweißtem Drahtge-

Frettchen ABC

In dieser Tabelle finden Sie die wichtigsten Spezialausdrücke, die im Umgang mit Frettchen immer wieder auftauchen.

Rüde =	Männliches Frettchen
Fähe =	Weibliches Frettchen
Welpen =	Frettchenbabies
Wurf, Geheck =	Die Welpen einer Fähe insgesamt
Ranzzeit =	Paarungszeit
Tragzeit =	Schwangerschaft
Deckakt =	Paarungsakt
Säugen =	Stillen
Losung =	Kot
Rute =	Schwanz
Branten, Läufe =	Füße
Vulva, Schnalle =	Scham, äußere Genitalien
Seher =	Augen
keckern, muckern =	Lautäußerungen des Frettchens
Granne =	hartes Oberhaar
Unterwolle =	weiches, flaumartiges Fell, welches unter der Granne liegt.

Hängematte, Schlafsack und Rindentunnel eignen sich zum Dösen und ausgelassenem Spiel.

Die richtige Unterbringung

flecht (Maschenweite 12 mm). Der Boden wird entweder mit PVC ausgelegt oder gefliest.
Hinweis: Eine reine Wohnungshaltung, ganz ohne Käfig, ist nicht zu empfehlen. Das Frettchen braucht einen festen, ihm bekannten und vertrauten Lebensbereich, in den es sich zurückziehen kann, wann immer es möchte.

Das Schlafhäuschen
Frettchen lieben es, sich in ein dunkles kuscheliges Schlafhäuschen zurückzuziehen. Auch der Iltis schläft in der Natur in bauartigen Höhlen oder ausgehöhlten Baumstämmen.

Im Zoofachhandel werden zur Zeit leider noch keine geeigneten Schlafhäuschen für Frettchen angeboten. Solch ein Häuschen läßt sich jedoch leicht selbst basteln oder kann von einem Schreiner kostengünstig angefertigt werden. Als Material eignet sich Massivholz. Die Mindestmaße betragen 35 x 30 x 35 cm, das Einschlupfloch hat einen Durchmesser von ca. 8 cm. Das Dach sollte mit Scharnieren befestigt sein, so daß man es jederzeit öffnen kann. Frettchen legen nämlich gerne Futtervorräte im Schlafhäuschen an, die schnell verderben und der Gesundheit des Frettchens schaden.
Zum Auspolstern des Schlafhäuschens haben sich Baumwollhandtücher bestens bewährt.

Dieses geräumige Gehege bietet viel Bewegungsfreiheit und läßt sich mit abwechslungsreichem Zubehör ausstatten.

Anschaffung und Eingewöhnung

Hinweis: Wenn Sie Ihre Frettchen in einem Freigehege halten (→ Seite 17), sollte das Schlafhäuschen unbedingt doppelwandig gebaut und zwischen den beiden Holzplatten mit handelsüblichem Styropor isoliert werden. So schützt das Schlafhäuschen vor Kälte.

Wichtiges Zubehör im Frettchenheim

Futter- und Wassergefäße: Futternäpfe aus Ton, am besten glasiert, kann ich sehr empfehlen. Sie sind standfest und leicht zu reinigen. Als Trinkgefäß eignen sich die üblichen Nippeltrinkflaschen für Nagetiere, die in jeder Zoofachhandlung erhältlich sind. In diesen Flaschen bleibt das Trinkwasser länger frisch und sauber als in offenen Gefäßen.

Frettchen sind sehr neugierig. Alles wird genau untersucht und zum Spielen genutzt.

Katzentoilette: Frettchen sind sehr reinliche Tiere, die sich leicht daran gewöhnen, eine handelsübliche Katzentoilette zu benutzen (→ PRAXIS Eingewöhnung, Seite 18). Die Toilette wird am besten mit spezieller Frettchenstreu (im Zoofachhandel erhältlich) oder mit Katzenstreu aus Tongranulat gefüllt.

Spielzeug: Die spiel- und bewegungsfreudigen Frettchen brauchen Abwechslung im Käfig. Im Zoofachhandel gibt es sinnvolles Frettchenzubehör wie beispielsweise Frettchenhängematten (→ Zeichnung, Seite 14), große Plastikbälle mit

Ausstattung und Käfigstandort

Öffnungen zum Hindurchkriechen (→ Foto, Seite 4/5), Schlafsäcke (→ Zeichnung, Seite 46) und diverse Spielzeuge aus Fell oder Stoff (→ Zeichnung, Seite 50/51).

Hinweis: Keinesfalls sollte der Käfigboden mit handelsüblicher Heimtierstreu, die meist aus Sägespänen besteht, ausgestreut werden. Frettchen schleppen ihr Futter gerne aus dem Napf in eine Ecke des Käfigs, um es dort ungestört fressen zu können. Dann wälzen sie das Futter in der Streu und fressen es mit, was zu Darm- und Magenproblemen führen kann. Besser den Boden des Käfigs aus PVC-Belag fertigen oder den Unterboden ausfliesen (→ Ein Heim zum Wohlfühlen, Seite 15).

Der richtige Standort für den Käfig

Wichtig ist für das Wohlbefinden der Frettchen eine helle Umgebung, jedoch keine direkte Sonneneinstrahlung. Grundsätzlich muß der Käfig so aufgestellt werden, daß er nicht in Zugluft steht. Achten Sie darauf, daß das Zimmer, in welchem das Frettchenheim steht, gut gelüftet werden kann.

Haltung im Freien

Frettchen können ohne weiteres z. B. in einer großen begehbaren Außenvoliere gehalten werden. Allerdings müssen die Tiere Schutz vor Kälte, Schnee, Wind, Regen und Sonne finden. Ein doppelwandiges Schlafhäuschen schützt beispielsweise vor Kälte (→ Seite 16), ein zusätzliches Schutzhaus vor jeder Witterung. Da Frettchen gerne graben, muß der Boden der Voliere von unten ausbruchsicher gemacht werden. Geeignet sind Steinplatten oder ein Betonboden, auf den dann Erde gestreut wird. In einem geräumigen Käfig können Sie Ihre Frettchen auch von Frühjahr bis Herbst auf einem zugfreien überdachten Balkon oder auf der Terrasse halten.

Checkliste Ausstattung

1 Ein Käfig mit einer Fläche von mindestens 120 x 60 x 60 cm pro Tier und einer nicht zu kleinen Tür, damit man das Frettchen leicht greifen kann.

2 Ein Schlafhäuschen aus Holz pro Tier mit den Mindestmaßen: 35 x 35 x 30 cm, Durchmesser des Einschlupflochs: 8 cm.

3 Saubere Baumwolltücher zum Auspolstern des Schlafhäuschens.

4 Ein Futternapf aus Steingut (Durchmesser etwa 18 bis 20 cm). Eine Nippeltränke für Nagetiere mit Kugelventil.

5 Eine Katzentoilette mit spezieller Frettchen-Streu oder handelsüblicher Katzenstreu.

6 Spielzeug wie z. B. eine Hängematte, ein Stück kaufestes Plastikrohr zum Durchschlüpfen (→ Zeichnung, Seite 26/27) oder ein Plastikball mit Öffnungen.

7 Krallenzange zum Krallenschneiden, weiche Naturhaarbürste.

PRAXIS EINGEWÖHNUNG

Wenn das Frettchen bei Ihnen einzieht
Bevor Sie Ihre Frettchen nach Hause holen, sollte schon alles für ihren Einzug vorbereitet sein. Transportiert werden die Tiere am besten in einem sogenannten Katzen-Kennel (→ Zeichnung rechts), der mit zwei Baumwollhandtüchern ausgelegt wird. Hierin können sich die Frettchen verkriechen. Solch eine Transportbox eignet sich auch für den Besuch beim Tierarzt.
Hinweis: Keinesfalls sollten Sie ein Frettchen frei auf dem Schoß transportieren. Sehr schnell kann das quirlige Tier vom Schoß hüpfen und z. B. im Auto Panik verbreiten.

Transportbox aus Kunststoff. Ideal, um Frettchen sicher und geschützt zu transportieren.

Wie das Frettchen zutraulich wird
Manche Frettchen erkunden sofort ihr neues Zuhause, andere wiederum brauchen eine Weile bis sie sich trauen, den ungewohnten Käfig unter die Lupe zu nehmen. Lassen Sie Ihre Frettchen in den ersten Stunden völlig in Ruhe. Sie brauchen Zeit, um sich einzugewöhnen. Besonders Welpen verhalten sich anfangs oft verstört, sind sie doch das erste Mal von Geschwistern und ihrem gewohnten Umfeld getrennt. Unvertraute Geräusche und Gerüche strömen auf die Tiere ein. Überfordert man die Frettchen nun mit Kinderlärm, anderen Haustieren wie Hund oder Katze oder durch Herumtragen in der Wohnung, kann das negative Auswirkungen auf die spätere Zutraulichkeit haben. Bestimmt wird das Frettchen bald in das Schlafhäuschen schlüpfen, da es sich hier sicher und geborgen fühlt. Jetzt fängt das Tier an, sein neues Reich zu akzeptieren. Wenn es dann auch noch vom bereitgestellten Futter nascht, ist der Transportschreck überwunden.

So werden Frettchen stubenrein
✔ Sorgen Sie dafür, daß eine mit Frettchenstreu oder Katzenstreu gefüllte Katzen-Toilette von Anfang an im Käfig steht.
✔ Frettchen sind so reinlich, daß sie meist von sich aus die Toilette aufsuchen.
✔ Stellen Sie während des Auslaufs in der Wohnung mindestens eine weitere Toilette bereit (→ Seite 28).
Hinweis: Manchmal verrichten die Tiere während des Freilaufs im Übereifer ihr »Geschäft« an anderer Stelle. Dies kommt jedoch selten vor.

Zutraulich machen 19

Richtiges Hochheben. Eine Hand umfaßt die Brust des Tieres, mit der anderen Hand wird das Hinterteil gestützt.

Vertrauen aufbauen

1. Nähern Sie sich dem Käfig mit den Frettchen stets langsam und sprechen Sie die Tiere ruhig und freundlich an. Tun Sie nichts am Käfig oder mit den Frettchen, ohne mit ihnen zu reden. Die Tiere werden sich nach und nach an Ihren Tonfall gewöhnen und Sie später als Bezugsperson wiedererkennen.

2. Versuchen Sie das Vertrauen des Tieres mit einem einfachen Trick zu erlangen: Vitaminpaste in der Tube (beim Tierarzt erhältlich) lieben fast alle Frettchen. Lassen Sie den Neuling eine etwa erbsengroße Menge direkt aus der Tube schlecken, damit er sich so schrittweise an Ihre Hand und Ihren Geruch gewöhnt.

3. Nehmen Sie jedes Frettchen mehrmals am Tag aus dem Käfig. Setzen Sie es auf Ihren Schoß, streicheln Sie es beruhigend und reden Sie dabei mit ihm. Ein kurzer Rufname, mit welchem Sie das Tier immer wieder ansprechen, wird ihm bald vertraut sein. »Nelli«, »Dicki« oder ähnliche Kurznamen merken sich Frettchen leicht.

4. Aus Angst, ausgeprägtem Spieltrieb oder Überforderung beißt das Frettchen auch schon einmal zu. Reagieren Sie nicht unkontrolliert. Ein hartes »Aus« oder »Nein« zeigt dem Tier, daß dies nicht in Ordnung war.

Hinweis: Wie lange es dauert, bis ein Frettchen richtig zutraulich wird, hängt auch davon ab, wie es seine ersten Lebenswochen verbracht hat. Stammt es von einem Züchter, der sich ausgiebig mit den Welpen beschäftigt hat? Durfte das Tier lange genug bei seiner Mutter und den Geschwistern bleiben? Wurde das Frettchen von Anfang an daran gewöhnt, in die Hand genommen zu werden? Hat es keinerlei schlechte Erfahrungen mit Menschen gemacht oder wurde es ohne jegliche Zuwendung aufgezogen?

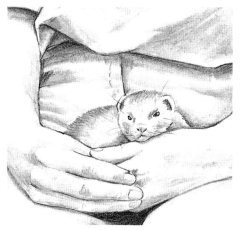

Das Frettchen liebt Schmusestunden auf dem Schoß „seines" Menschen.

DER RICHTIGE UMGANG IM ALLTAG

Frettchen fühlen sich in Gesellschaft mit Artgenossen am wohlsten. Während des Freilaufs können Sie die kleinen Kobolde beim Herumtoben und Spielen beobachten. Dies setzt natürlich voraus, daß Ihre Tiere gesund ernährt sind und Sie Ihnen Haltungsbedingungen bieten, die Ihren Bedürfnissen entsprechen.

Frettchen aneinander gewöhnen

Frettchen lieben es, mit Artgenossen herumzutollen und wie kleine Kobolde gemeinsam immer irgend etwas während ihres Freilaufs anzustellen. Deshalb sollte man kein Frettchen einzeln halten (→ Glücklich allein oder zu zweit, Seite 7).
Zwei Wurfgeschwister fühlen sich meist von Anfang an in einem Gehege wohl.
Nehmen Sie allerdings ein fremdes Frettchen zu einem bereits bei Ihnen lebenden Tier auf, müssen Sie einige Dinge beachten:

✔ Setzen Sie das »neue« Frettchen nicht gleich in den Käfig des »alteingesessenen« Tieres.

✔ Bringen Sie die Tiere zunächst in zwei separaten Käfigen unter, und stellen Sie die Käfige nebeneinander. So können sich die Tiere erst einmal aus der Distanz kennenlernen und durch das Gitter beschnuppern.

✔ Das Austauschen der Kuscheltücher aus den getrennten Schlafkisten kann dazu beitragen, daß sich die Tiere schneller aneinander gewöhnen.

Achtung, hier komme ich! Während des Freilaufs wird alles genau erforscht, was interessant ist.

✔ Nach etwa 14 Tagen sollten Sie die beiden Tiere während des Freilaufs im Zimmer zusammenbringen . Hier können sie sich ausgiebig beschnuppern und haben auch genug Platz, um sich aus dem Weg zu gehen.

✔ Kommt es während des Freilaufs zu ernsthaften Rangeleien, trennen Sie die Frettchen besser. Versuchen Sie, die beiden zu gegebener Zeit erneut aneinander zu gewöhnen.

Hinweis: Mit viel Geduld und Einfühlungsvermögen lassen sich viele Frettchen problemlos miteinander vertraut machen. Haben sie sich erst einmal zusammengerauft, werden sie in der Regel ein unzertrennliches Team. Die Tiere fressen und spielen zusammen und benutzen sogar häufig eine Schlafkiste gemeinsam. Es kann jedoch auch vorkommen, daß sich zwei Frettchen überhaupt nicht mögen und sich immer wieder ineinander verbeißen. Gegen den »Frettchen-Willen« können Sie sich kaum durchsetzen. Halten Sie in diesem Fall die Widersacher am besten getrennt.

Frettchen und andere Heimtiere

Das domestizierte Frettchen hat im Laufe der Jahrhunderte gelernt, sich seiner Umgebung und vor allem dem Menschen anzupassen.

22 Der richtige Umgang im Alltag

Es hat keine Angst vor dem Menschen und fügt sich gut in unseren Alltag ein. Doch die Jagdinstinkte des Frettchens lassen sich niemals völlig unterdrücken, so daß auch das liebste und zutraulichste Hausfrettchen z. B. jedes Nagetier als Beute wahrnimmt.

Meerschweinchen, Zwergkaninchen oder Hamster und dergleichen sollten daher nicht in unmittelbaren Kontakt mit dem Frettchen kommen. Das Frettchen würde seinem angeborenen Jagdinstinkt freien Lauf lassen und die Nager angreifen.

Mit Hund und Katze dagegen kann ein Frettchen sehr gut auskommen. Gehen Sie beim Aneinandergewöhnen behutsam und schrittweise vor.

✔ Lassen Sie den Hund oder die Katze am Kuscheltuch aus der Schlafki-

Solch ein Kletterbaum sorgt für Abwechslung beim Spielen.

ste des Frettchens schnuppern, um so den ersten Geruchskontakt herzustellen.

✔ Führen Sie die Tiere erst zusammen, wenn sich das Frettchen bei Ihnen eingelebt hat.

✔ Achten Sie darauf, daß sich die Tiere nicht gegenseitig einschüchtern. Bleiben Sie anfangs im Zimmer, wenn sich Hund oder Katze dem Frettchen nähern. Bestimmt wird sich das Frettchen erst einmal durch lautes »Muckern« oder gar durch Ausstoßen eines schrillen Pfifftons selbst Mut machen, seinem unbekannten Gegenüber zu begegnen.

Hinweis: Ob ein Frettchen gut Freund mit Hund oder Katze wird, hängt natürlich auch von derem Wesen ab. Etliche Frettchen leben jedoch oft später in solch enger Gemeinschaft mit Hund und Katze, daß sie sogar zusammen im Schlafkörbchen liegen und dösen.

Freilauf in der Wohnung

Frettchen schlafen viel und sehr fest. Sind sie jedoch aufgewacht und haben Nahrung zu sich genommen, wollen sie nur eines: sich richtig austoben.

Ein zahmes Frettchen, das sich ohne weiteres von Ihnen auf den Arm nehmen und streicheln läßt (→ PRAXIS Eingewöhnung, Seite 19), wird Sie neugierig und voller Erwartung an der Käfigtür begrüßen, wenn es merkt, daß Freilauf angesagt ist.

Freilauf in der Wohnung 23

Hinweis: Die meisten Frettchen erkennen übrigens »ihren« Menschen schon am Schritt. Betritt die Bezugsperson das Zimmer oder den Platz, wo der Käfig steht, kommen sie in der Regel sofort aus ihrer Schlafkiste heraus und erwarten, daß man sich nun erst einmal mit ihnen »unterhält«, sie mit einem kleinen Leckerbissen bei Laune hält und natürlich den Käfig zum begehrten Freilauf öffnet.

Mehrere Stunden am Tag sollten Sie Ihren Frettchen Auslauf gönnen. Allerdings stets unter Aufsicht und niemals ohne Geschirr und Leine im Garten, da das Frettchen sonst zu leicht auf »nimmer Wiedersehen« verschwinden würde (→ Seite 27).

Vor dem ersten Freilauf in der Wohnung müssen Sie die Zimmer »frettchensicher« gestalten (→ Tabelle, Seite 26). Mit Vorliebe scharren die kleinen Kobolde in der Erde von Blumentöpfen, kriechen in jeden auch noch so engen Spalt hinter dem Schrank oder tippeln leichtfüßig im Bücherregal umher.

Während des Freilaufs können Sie beobachten, wie sehr Frettchen ihre »Freiheit« genießen. Typisch für sie ist, daß sie sich erst einmal »warm« hüpfen und kleine Luftsprünge machen, wenn sie aus dem Käfig gelassen werden. Dabei rennen sie mit tippelnden Schritten rückwärts und muckern oftmals lautstark, was ähnlich dem Gackern einer Henne mit tiefer Stimme klingt. Gerne lassen sie sich dabei von ihrer Bezugsperson verfolgen und haben große Freude daran, wenn man versucht, sie zu greifen. Dann rollen sie sich um die eigene Achse und lassen ihrem Spieltrieb freien Lauf.

Typisch ist auch, daß sie sich von Zeit zu Zeit mit allen vier Läufen auf den Boden plumpsen lassen, flach wie eine Flunder liegenbleiben und ihre Umgebung mit den Augen fixieren. Nach kurzer Rast geht das ausgelassene Spiel von vorne los.

TIP

Kinder und Frettchen

Die niedlichen Frettchen sprechen fast jedes Kinderherz an, und oft entsteht der Wunsch, solch ein Tier zu besitzen. Doch ein Frettchen ist kein idealer Spielgefährte für Kinder. Als kleines Raubtier braucht ein Frettchen immer etwas mehr Zuwendung und Pflege als beispielsweise ein Zwergkaninchen oder Meerschweinchen. Ab einem Alter von 10 Jahren allerdings kann auch ein Kind, zusammen mit einem Erwachsenen, Frettchen betreuen. Wichtig ist, daß das Kind zum richtigen Umgang mit dem Tier angeleitet wird und Informationen über dessen Lebensweise erhält. So kann man das Interesse des Kindes wecken und es zu einem verantwortungsvollen Verhalten dem Frettchen gegenüber erziehen. Erklären Sie Ihrem Kind z.B., welche Aufgaben täglich zu erfüllen sind, damit das Frettchen sich wohl fühlt. Frettchen sind sehr verspielt, dösen jedoch auch gerne und wollen dann ihre Ruhe haben. Auch das sollten die Kinder wissen und das Tier nicht mutwillig aus seinem festen Schlaf reißen.

Oftmals wird das Frettchen zu grob von Kindern angefaßt. Dann wehrt es sich natürlich und zwickt vielleicht aus Angst. Machen Sie Ihr Kind darauf aufmerksam. Bedenken Sie vor der Anschaffung von Frettchen, daß Kinder sehr schnell die Lust verlieren können, z. B. ein Frettchen regelmäßig zu füttern. Damit das Frettchen gesund und zutraulich bleibt, darf es jedoch keinesfalls vernachlässigt werden.

10 Goldene Regeln
für das Zahmwerden

1 Ein Welpe im Alter von 8 bis 10 Wochen wird in der Regel am schnellsten zutraulich.

2 Damit ein Frettchen handzahm wird, muß es sich wohlfühlen: dazu gehört vor allen Dingen ein sehr großer Käfig mit viel Bewegungsfreiheit.

3 Voraussetzung fürs Handzahm machen ist, daß Sie sich jeden Tag ausgiebig mit dem Frettchen beschäftigen.

4 Täglicher, mehrstündiger Auslauf in der Wohnung fördert das Wohlbefinden des Tieres und somit auch seine Zutraulichkeit.

5 Frettchen sind Leckermäuler. Füttern Sie Ihr Tier deshalb häufig aus der Hand und gewinnen Sie sein Vertrauen mit etwas Vitaminpaste aus der Tube (beim Tierarzt erhältlich).

6 Ein einzeln gehaltenes Frettchen ist nicht glücklich. Halten Sie mindestens zwei Tiere. Frettchen sind viel ausgeglichener, wenn man sie zusammen mit Artgenossen hält.

7 Frettchen, deren Züchter sich ausschließlich auf die Heimtierhaltung der Marderartigen spezialisiert haben, bringen die besten Voraussetzungen mit, um absolut handzahm zu werden.

8 Haben Sie Geduld mit einem Frettchen und überfordern Sie es anfangs nicht. Gehen Sie stets behutsam und niemals hektisch mit dem Tier um.

9 Heben Sie das Frettchen richtig hoch, indem Sie es mit einer Hand locker um den Brustkorb halten und mit der anderen Hand sein Hinterteil stützen.

10 Wenn das Frettchen Sie leicht zwickt, weisen Sie es mit einem kräftigen »Aus« zurecht, damit es lernt, daß dies nicht in Ordnung war.

Hochnehmen und Tragen

Mit Spielzeug für Frettchen (aus dem Zoofachgeschäft oder selbstgebastelt) kann man den Tieren eine große Freude machen. Kleine Bälle, Fellmäuse oder ein Stück Kunststoffrohr aus dem Baumarkt vertreiben dem Frettchen die Zeit. Auch eine Buddelkiste aus Holz oder Karton, gefüllt mit Torf, sauberem Sand oder zusammengeknülltem Zeitungspapier wird gern mit Hilfe der Läufe und der Nase durchwühlt (→ Zeichnung, Seite 51).
Frettchen brauchen abwechslungsreiche Beschäftigung. Wechseln Sie daher das Spielzeug gelegentlich aus und versuchen Sie, sich immer neue Spiele für die Marderartigen einfallen zu lassen (→ PRAXIS Beschäftigung, Seite 50/51). Frettchen, die ausgiebigen Freilauf genießen, sind wesentlich ausgeglichener und zutraulicher als Tiere, die nur selten aus dem Gehege gelassen werden.

Richtig Hochnehmen und Tragen

Die meisten Frettchen genießen es, von "ihrem" Menschen umhergetragen zu werden oder auf dessen Schoß zu dösen.
Wichtig ist aber, daß Sie das Frettchen richtig hochheben und nicht zu fest anfassen, denn dann zwickt es in der Regel zu, um sich aus dieser Zwangshaltung zu befreien. Heben Sie das Tier stets mit beiden Händen hoch. Die eine Hand sollte dabei locker den Brustkorb des Frettchens umfassen, während die andere Hand das Hinterteil und den Schwanz stützt (→ Zeichnung, Seite 19). So lassen sich handzahme Frettchen gerne herumtragen.
Hinweis: Auf keinen Fall sollten Sie feste Handschuhe tragen, wenn Sie Ihr Frettchen hochnehmen. Ein Tier, das noch nicht handzahm ist, erkennt so Ihren Geruch nicht. Es bekommt Angst vor dem Handschuh. Gewöhnen Sie es besser mit viel Geduld und kleinen Leckerbissen an sich (→ PRAXIS Eingewöhnung, Seite 19).

Frettchen sind ausgesprochene »Bücherfreunde«. Jedes Bücherregal wird gründlich durchstöbert.

Das störrische Frettchen

Frettchen haben von Natur aus ein liebes und zutrauliches Wesen. Die meisten werden sehr zahm. Es gibt jedoch immer wieder "Kandidaten", die störrisch bleiben, sich nicht gerne anfassen lassen oder gar fest zuzwicken. Wahrscheinlich hat solch ein Tier schon viel mitgemacht, des öfteren den Besitzer gewechselt oder wurde nicht bereits im Welpenalter an die menschliche Hand gewöhnt. Nur mit viel Geduld läßt sich solch ein verängstigtes Tier zu einem handzahmen Frettchen erziehen.

Der richtige Umgang im Alltag

Gefahren während des Freilaufs

Gefahr	Gefahrenquelle	Vermeiden der Gefahr
Einklemmen	Schränke, Türen, Kommoden, Schubladen	Beaufsichtigung während des Freilaufs. Schließen Sie sämtliche Türen und Schränke, bevor das Frettchen in der Wohnung frei läuft.
Ersticken	Tragetaschen aus Plastik, Kunststoffbeutel	Frettchen kriechen gerne in alles hinein, deshalb Beutel während des Freilaufs wegschließen.
Verbrennen	Bügeleisen, Herdplatten	Während des Freilaufs kein heißes Bügeleisen herumstehen lassen. Frettchen nicht unbeaufsichtigt in der Küche herumlaufen lassen.
Vergiftungen	Putzmittel, Phenole und Öle	Frettchen kriechen in jeden offenen Schrank. Achten Sie darauf, daß es nicht mit giftigen Substanzen in Berührung kommt.
Hitzschlag	Das Gehege des Frettchens steht an einem Platz mit direkter Sonneneinstrahlung	Den Käfig an einem hellen Platz ohne direkte Sonneneinstrahlung aufstellen. Vermeiden Sie einen Standort in der Nähe der Heizung.
Schock, Stromschlag	Stromkabel	Stecker während des Freilaufs ziehen oder Kabel in einen Kabelkanal verlegen.
Knochenbrüche	Balkone	Den Balkon mit feinmaschigem Draht absichern, damit das Frettchen nicht durch die Gitterstäbe des Balkons fallen kann.
Entlaufen	Freilauf im Garten, offene Terassentüren	Schließen Sie sämtliche Terassentüren. Die Tiere nicht ohne Aufsicht in den Garten lassen.

✔ Nähern Sie sich seinem Käfig möglichst in der Hocke, so daß es nicht erschrickt, wenn Sie sich als »Feind von oben« anschleichen.

✔ Sprechen Sie viel mit dem Tier und rufen Sie es immer wieder bei seinem kurzen und prägnanten Namen.

✔ Bevor Sie versuchen,

Spaziergang im Freien

solch ein schwieriges Frettchen aus dem Gehege zu nehmen, sollten Sie ihm erst einmal soviel Futter anbieten, bis es richtig satt ist. Hat das Frettchen gefressen, probieren Sie aus, ob es sich neugierig der geöffneten Käfigtür nähert und vielleicht beginnt, seine Umgebung zu erkunden.

✔ Versuchen Sie nun, das Tier mit der flachen Hand vorsichtig zu berühren. Läßt es sich dies gefallen, ist die erste Hürde genommen.

✔ Wichtig ist, daß Sie nie die Geduld im Umgang mit solchen Tieren verlieren, sonst würde jedes geringste Vertrauen sofort zunichte gemacht werden.

✔ Wiederholen Sie die beschriebene Vorgehensweise immer wieder, ohne jedoch das Tier zu überfordern. Störrische Frettchen brauchen viel mehr Zuwendung als bereits zahme Tiere.

✔ Zeigen Sie keine Angst vor dem Tier, wenn es aus Unsicherheit faucht oder gar sein Fell aufstellt.

Hinweis: Frettchen, die aggressiv und störrisch sind, sollten nicht isoliert bzw. einzeln gehalten werden. Besser ist es, solche Tiere mit anderen handzahmen Frettchen in einem Gehege zu halten. Die ängstlichen Frettchen scheinen hierbei von den zahmen Frettchen zu lernen. Schneller nimmt das scheue Tier hierbei die Bezugsperson als etwas Positives an und die Chance, solch ein Frettchen zum zahmen Hausgenossen zu erziehen ist wesentlich größer.

Hinweis: Auch Frettchenmütter, die gerade ihren Nachwuchs zur Welt gebracht haben, können aggressiv werden. Selbst sehr zahme Haustier-Fähen verteidigen während der Aufzucht instinktiv ihr Nest. Nähern Sie sich deshalb den Welpen in der Wurfkiste nur vorsichtig und beispielsweise nur dann, wenn die Mutter außerhalb des Nestes etwas frißt. Mit dem Heranwachsen und dem Absetzen der Welpen verliert sich dieses angespannte Verhalten der Fähe wieder.

Der Spaziergang im Freien

Frettchen lassen sich an ein spezielles Brustgeschirr mit dazugehöriger Leine gewöhnen. Die aus Kunstfaser oder feinem Wildleder hergestellten kleinen Geschirre gibt es im Zoofachhandel zu kaufen. Auch ein Katzengeschirr ist geeignet. Es muß jedoch im Umfang um einige Zentimeter gekürzt werden.

An Geschirr und Leine gewöhnen: Machen Sie das Frettchen schon von klein auf, aber erst, wenn es zutraulich und handzahm ist, mit Ge-

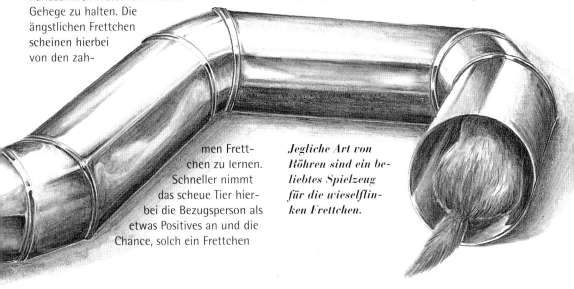

Jegliche Art von Röhren sind ein beliebtes Spielzeug für die wieselflinken Frettchen.

Der richtige Umgang im Alltag

schirr und Leine vertraut. Achten Sie darauf, daß das Geschirr nicht zu locker sitzt, sonst hat sich das Tier in kürzester Zeit davon befreit. Andererseits darf es aber auch nicht zu fest sitzen, sonst fühlt sich das Frettchen nicht wohl. Erwarten Sie nicht, daß das Frettchen sofort bei Fuß geht, wenn Sie ihm das Geschirr zum ersten Mal anlegen und es an die Leine nehmen. Vielmehr muß sich das Frettchen zunächst an die ungewohnten Gegenstände gewöhnen. Ziehen Sie ihm deshalb das Geschirr mehrmals während des Freilaufs in der Wohnung an, ohne es gleich mit nach draußen zu nehmen. Erst, wenn es ohne weiteres das Brustgeschirr akzeptiert, sollten Sie den ersten gemeinsamen Spaziergang im Freien mit dem Frettchen unternehmen.

Suchen Sie dazu ein ruhiges Plätzchen z.B. auf einer großen Wiese aus, denn es will gelernt sein, richtig an der Leine zu laufen. Die einen trotten gemächlich hinter "ihrem" Menschen her, andere wiederum rennen voraus und ziehen heftig an der Leine. Geht man mit mehreren Frettchen spazieren, muß man aufpassen, daß sich die Leinen nicht ineinander verwickeln, da die Frettchen mit großer Wahrscheinlichkeit aufgeregt hin und her laufen werden, um ihren großen Spieltrieb zu befriedigen.

Solch ein Spaziergang birgt allerlei Möglichkeiten zum Toben in sich. Im Winter lieben Frettchen es, im frischen Schnee zu stöbern und ziehen mit ihrem Köpfchen und der Nase sogar Spuren durch den Schnee.

Hinweis: Passen Sie während eines Spaziergangs auf, daß fremde Hunde dem Frettchen nicht zu nahe kommen. Keinesfalls sollten Sie das Frettchen von jedem interessierten Passanten anfassen lassen. Diese Personen sind dem Frettchen fremd und es könnte zubeißen.

Da Frettchen keine ausdauernde Kondition haben, kann man mit ihnen keine großen Wanderungen machen. Sehen Sie einen Spaziergang deshalb nur als abwechslungsreichen Ausflug zum Freilauf in der Wohnung an und nicht als ein tägliches Muß.

Kann man Frettchen erziehen?

Jeder Frettchenhalter weiß, daß sich ein Frettchen nicht abrichten läßt wie z. B. ein Hund. Das Frettchen hat seinen eigenen Willen. Versuchen Sie also erst gar nicht das Tier zu schimpfen, wenn es während des Freilaufs wieder einmal die Erde aus den Blumentöpfen gebuddelt hat. Es wird Ihren Unmut nicht verstehen. <u>Bieten Sie den Tieren</u> stattdessen eine eigene Buddelkiste, gefüllt mit Laub oder Torf, an. Darin können die Tiere nach Herzenslust scharren (→ Seite 50). Lenken Sie Ihr Frettchen von der Wohnungseinrichtung ab, indem Sie es ausreichend beschäftigen und ihm immer wieder neues interessantes Spielzeug anbieten. <u>Frettchen lernen allerdings schnell,</u> den Tonfall eines Menschen zu unterscheiden. Wenn Ihr Frettchen Sie einmal zwickt oder Dinge tut, die es nicht darf, können Sie versuchen, es mit einem scharfen »Aus« oder »Nein« zur Ordnung zu rufen.

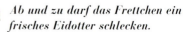

Ab und zu darf das Frettchen ein frisches Eidotter schlecken.

Das richtige Futter 29

Zwei, die sich mögen. Frettchen und Hunde können enge Freunde werden.

Gesunde Ernährung

Noch vor wenigen Jahrzehnten wurden viele Frettchen überwiegend mit in Milch getränkten Brötchen »ernährt«. Angeblich sollten sich Frettchen, die mit Frischfleisch gefüttert werden, aggressiv und bösartig verhalten. Dieses »Märchen« hielt sich Jahrzehnte in den Köpfen so mancher Frettchenhalter. Kein Wunder, daß derart einseitig ernährte Tiere schon nach kurzer Zeit krank wurden und starben.
Heute weiß man mehr über die Nahrungsbedürfnisse der Frettchen. Sie sind, wie ihr wildlebender Verwandter, der Iltis, reine Fleischfresser. Nur maximal 20% des Frettchenfutters sollten aus pflanzlichen Bestandteilen bestehen.

Fertigfutter

Fertigfutter ist nicht nur praktisch, sondern auch gesund. Es enthält alle Nährstoffe, die für die Gesundheit Ihrer Frettchen wichtig sind: Fleisch (tierisches Eiweiß bzw. Protein), Fett, Mineralien, Spurenelemente und Vitamine. Man unterscheidet je nach Feuchtigkeitsanteil zwischen Naß- und Trockenfutter. Naßfutter enthält etwa 80% Feuchtigkeit, während dem Trockenfutter alle Feuchtigkeit entzogen wurde. Naßfutter (Dosenfutter) für Katzen und Hunde in verschiedenen Geschmacksrichtungen be-

VERSORGUNG IM URLAUB

Am wohlsten fühlen sich Ihre Frettchen zu Hause, in ihrer gewohnten Umgebung. Sorgen Sie daher rechtzeitig für einen zuverlässigen Pfleger. Wichtig ist, daß Ihre Tiere die Person, die sich um sie kümmern wird, bereits kennen. Machen Sie Ihre Urlaubsvertretung schon frühzeitig mit allen Gewohnheiten der Frettchen vertraut. Erklären Sie z. B. gewisse Futtervorlieben und legen Sie einen Futtervorrat an. Hinterlassen Sie außerdem Ihre Urlaubsadresse und die Adresse des Tierarztes. Frettchen mit in den Urlaub zu nehmen ist nur zu empfehlen, wenn sie z. B. ein eigenes Ferienhaus besitzen. Hier sollte ein Gehege für die Tiere bereitstehen. Transportieren Sie die Frettchen immer in einer Box (→ Zeichnung, Seite 18). Bei langen Autofahrten sollten Sie öfter Pausen einlegen, und den Tieren etwas zu trinken und zu fressen geben. Die Bedingungen für den Transport mit dem Flugzeug müssen Sie bei der jeweiligen Fluggesellschaft erfragen. Erkundigen Sie sich bei Auslandsreisen nach den Einreisebestimmungen für Frettchen. Der Tierarzt gibt Auskunft.

kommen auch Ihren Frettchen. Seit kurzer Zeit wird im Zoofachhandel jedoch auch ein spezielles Frettchen-Fertigfutter angeboten, das empfehlenswert ist.

Hinweis: Bei Dosenfutter sollten Sie nur hochwertiges Premiumfutter kaufen. Beachten Sie die genau Zusammensetzung des Futters, die auf dem Etikett der Dose angegeben ist. Preiswertes Dosenfutter enthält oft hohe Anteile an pflanzlichen Stoffen wie etwa Getreide. Zuviel Pflanzenanteile im Futter kann der Organismus des Frettchens jedoch nur schlecht verwerten. Zwar fressen die Tiere recht gut von diesem Futter, es treten aber schnell Mangelerscheinungen auf, da es nicht genügend tierisches Eiweiß und Fette enthält. Das Fell des Frettchens wird stumpf, seine Muskulatur weich. Trockenfutter enthält ebenfalls alle wichtigen Nährstoffe. Es ist durchaus eine abwechslungsreiche Alternative zum Dosenfutter und hat außerdem den Vorteil, daß es nicht so schnell verdirbt und durch seine feste Konsistenz dem Gebiß des Frettchens gut tut. Im Fachhandel werden bereits einige verschiedene Frettchen-Trockenfutter angeboten, die sich durch eine speziell auf Frettchen abgestimmte Nährstoffzusammensetzung auszeichnen und sehr gern von den Tieren gefressen werden. Auch Trockenfutter für Hund und Katze ist geeignet.

Hinweis: Achten Sie beim Kauf eines geeigneten Frettchen-Trockenfutters darauf, daß es einen hohen Anteil an Fett und Proteinen (tierisches Eiweiß) enthält.

Das richtige Getränk

Frisches Leitungswasser sollten Ihre Frettchen immer zur Verfügung haben, auch dann, wenn Sie Ihre Tiere vorwiegend mit Naßfutter ernähren. Besonders wichtig ist eine ausreichende Flüssigkeitszufuhr bei der Fütterung mit Trockenfutter.

Das richtige Futter

Die Nahrungsmenge

Im Durchschnitt braucht ein Frettchen etwa 150 bis 200 Gramm hochwertiges leichtverdauliches Futter pro Tag.

Verglichen mit anderen Raubtieren haben Frettchen einen relativ kurzen Magen-Darm-Kanal, wobei der Blinddarm gänzlich fehlt. Die Anteile des Dünndarms gehen ohne deutliche anatomische Grenze in den Dickdarm über. Somit verbleibt das Futter nur für ungefähr drei Stunden im Frettchendarm. Eine kurze Zeit, um die Nahrungsbestandteile durch Verdauungsenzyme und bakterielle Prozesse aufzuschließen. Aus diesem Grund ist es wichtig, das Frettchen mehrmals am Tag zu füttern. Teilen Sie die Tagesfutterration am besten auf zwei bis drei Mahlzeiten auf.

Hinweis: Frettchen haben die Angewohnheit, ihr Futter z.B. in der Schlafkiste oder in einer Ecke des Geheges zu verstecken, um es zu einem späteren Zeitpunkt zu verzehren. Frischfutter verdirbt jedoch rasch und kann den Tieren schlimme Magen-Darm-Probleme bereiten. Kontrollieren Sie deshalb täglich die Schlafkiste auf Futterreste hin. Geben Sie dem Frettchen bei jeder Mahlzeit nur soviel, daß keine Reste mehr übrig bleiben.

Was dem Frettchen sonst noch schmeckt

Zusätzlich zum Fertigfutter, gleich ob naß oder trocken, sollten Sie gelegentlich auch frisches Fleisch verfüttern.

Muskelfleisch von Rind, Wild und Pferd wird von den Frettchen gerne angenommen. Weiterhin eignen sich Leber, Herz und Nieren. Auch tote Eintagsküken und mageren gegarten Fisch (in kleinen Mengen) wie beispielsweise Kabeljau nehmen die Tiere gern. Schweinefleisch darf nur gekocht verfüttert werden, denn es kann in rohem bzw. halbgarem Zustand die tödlich verlaufende Aujezkysche Krankheit, eine Virusseuche, übertragen!

Unter das Frischfleisch können Sie zusätzlich Gemüse- oder Vollkornflocken, frisches Obst und Gemüse mischen. Da der Organismus des Frettchens solche Roh- oder faserreiche Pflanzenkost nur in geringem Maße verwerten kann, darf dieser Futteranteil nicht mehr als 20% ausmachen. Ballaststoffe fördern jedoch die Verdauung der Marderartigen.

Hinweis: Ob Ihr Frettchen Frischfleisch lieber geschabt oder in größeren Stücken mag, müssen Sie ausprobieren. Einige Frettchen lieben es, an einem größeren Stück Fleisch zu reißen und zeigen dabei wohl noch den Instinkt, das Beutetier »totzuschütteln«.

Falls Sie öfter frisches Fleisch füttern möchten, muß dem Futter Kalzium (im Zoofachhandel erhältlich) beigegeben werden. Dosieren Sie nach Gebrauchsanleitung.

Frettchen gewöhnen sich schnell an regelmäßige Fütterungszeiten. Dann warten sie schon ungeduldig auf den frisch gefüllten Futternapf.

Der richtige Umgang im Alltag

Auch das gibt es: Frettchen und Katze fressen von einem Teller und das ohne Futterneid.

Geeignete Leckereien

Frettchen sind kleine Leckermäuler und naschen neben dem Hauptfutter mit Vorliebe allerlei anderes Eßbares.

Zu den gesunden Leckerbissen gehören frisches Obst und Gemüse. Die meisten Frettchen mögen beispielsweise Banane, Wassermelone und Birnenstücke, aber auch Salatgurke und kleine Möhrenstückchen. Nicht jedes Frettchen frißt jedoch alle Obst- und Gemüsesorten gleich gern. Jedes Frettchen hat seine Vorlieben. Fast alle Frettchen hingegen mögen als Zwischenmahlzeit kleine Mengen Hüttenkäse, Dickmilch oder Quark. Kleine Mengen deshalb, da zuviel hiervon leicht zu Durchfall führen kann. Etwa einmal in der Woche ein rohes Eigelb (ohne das Eiklar) wird von vielen Tieren regelrecht verschlungen. Desweiteren können Sie als willkommene Abwechslung ein paar Rosinen geben oder aber wenige Zentimeter Vitaminpaste aus der Tube (beim Tierarzt erhältlich). Lassen Sie das Tier die Paste direkt aus der Tube schlecken (→ Zeichnung, Seite 54).

Darüberhinaus naschen manche Frettchen auch gerne Babynahrung. Die Gemüse- oder Fleischbreis in Gläschen gibt es in vielen verschiedenen Geschmacksrichtungen.

Achtung: Geben Sie Ihren Frettchen auf keinen Fall stark gewürzte Speisen, Süßigkeiten oder Alkohol. Dies schadet der Gesundheit Ihrer Frettchen. Sie bekommen davon Verdauungsprobleme und andere Krankheiten.

Die wichtigsten Nährstoffe

Ausgewogene Frettchenernährung

Proteine (Eiweiß) sind für den Frettchenorganismus lebenswichtig. Sie stellen die wesentlichen Bausteine für die Muskulatur, Bänder, Sehnen, Blutbestandteile und die Haut dar. Muskelfleisch, Eier, Innereien, Fisch, Milchprodukte und Hefe enthalten reichlich Proteine.

Fette sind zur Deckung des täglichen Kalorienbedarfs nötig. Der Frettchenkörper braucht jene Lipide zum Aufbau sämtlicher Zellwände, des Nervensystems und als Energiespeicher in Form von Fettdepots.

Hinweis: Bei zuwenig Freilauf allerdings kann ein hoher Fettanteil im Futter natürlich zu Fettleibigkeit der Tiere führen. Sorgen Sie deshalb dafür, daß Ihre Frettchen ausreichend Bewegung haben.

Kohlenhydrate, Bestandteil aller grünen Pflanzen, spielen in der Frettchenernährung nur eine untergeordnete Rolle. In Form von Getreideprodukten (beispielsweise Hundeflocken, die Gemüse und Getreide enthalten) verdauen Frettchen diese zusätzliche Energiequelle jedoch gut.

Kalzium beugt krankhaften Skelettveränderungen der Tiere vor. Besonders bei reiner Fleischfütterung sollten Kalziumpräparate (aus dem Zoofachhandel oder vom Tierarzt) nach Packungsvorschrift unter das Futter gemischt werden.

Fertigfutter enthält bereits Kalziumbeigaben.

Viatmin D sorgt für eine optimale Verkalkung der Knochen und beugt Gebissveränderungen vor. Fisch, Milchprodukte, Lebertran und Eigelb enthalten viel Vitamin D.

Vitamin B-Komplexe beugen Nervenerkrankungen, Muskelentartung, Störungen der Herzfunktion und Hauterkrankungen vor. Kleie, Vollkornbrot, Hefe, Kartoffeln, Spinat, Tomaten, Eier, Leber, Herz und Nieren enthalten viel B-Vitamine.

Checkliste Ernährung

1 Frettchen sind vorwiegend Fleischfresser.

2 Füttern Sie abwechslungsreich und ausgewogen. Achten Sie auf ausreichend Vitamine und Kalzium im Futter.

3 Kaufen Sie nur hochwertige Premiumfuttersorten mit einem hohen Proteinanteil.

4 Geben Sie täglich mehrere kleine Mahlzeiten, anstatt einmal einen großen Napf voll.

5 Besonders bei Fütterung mit Trockenfutter muß dem Tier immer frisches Trinkwasser zur Verfügung stehen.

6 Füttern Sie keine salz- oder zuckerhaltigen Essensreste.

7 Fleisch stets frisch und in kleinen Portionen verfüttern. Schweinefleisch vorher garen. Niemals roh füttern!

8 Die Schlafkiste mindestens einmal täglich nach Futterresten absuchen und diese entfernen.

PRAXIS PFLEGE

Pflegeutensilien
- ✔ Krallenzange zum Kürzen der Krallen.
- ✔ Katzentoilettenschaufel zum Säubern des Frettchenklos.
- ✔ Weiche Natur- oder Kunsthaarbürste zum gelegentlichen Bürsten des Fells.
- ✔ Wattestäbchen für die Ohrreinigung.
- ✔ Küchenschwamm und Flaschenbürste zum Säubern von Futternäpfen und Trinkflaschen.

Gehege und Zubehör sauber halten
In einem sauberen Gehege fühlen sich Frettchen rundum wohl, sind bestens vor Krankheiten geschützt und auch der typische Frettchengeruch ist hier weniger aufdringlich.
Täglich müssen Futternäpfe und Trinkflasche mit heißem Wasser und einer Bürste gereinigt werden. Mindestens zweimal täglich sollten Kot und die sich bildenden kleinen Urinklümpchen aus der Frettchentoilette entfernt werden. Entfernen Sie auch Frischfutterreste aus Schlafhäuschen und anderen Verstecken.
Etwa einmal wöchentlich oder bei Bedarf je nach Anzahl der gehaltenen Frettchen muß die gesamte Einstreu der Frettchen-Toilette gewechselt und die Toilettenschale mit heißem Wasser ausgewaschen werden. Anschließend die Toilette wieder mit Katzen- oder Frettchenstreu etwa 7 cm hoch auffüllen. Wischen Sie den Käfiginnenraum und die Einrichtungsgegenstände, je nach Verunreinigung, mit einem feuchten Tuch ab. Stark verschmutzte Gegenstände kann man mit heißem Wasser in der Dusch- oder Badewanne abbrausen. Tauschen Sie die Kuscheltücher im Frettchen-Schlafhaus gegen frisch gewaschene aus.
Alle drei bis vier Wochen werden Zubehör und Spielzeug der Frettchen wie z. B. Käfig-Hängematten und Spielschlafsäcke gewaschen (Waschanleitung beachten!). Das Schlafhäuschen mit einem feuchten Schwamm säubern.
Hinweis: Verwenden Sie nur hautverträgliche Waschmittel, die keinen Juckreiz hervorrufen.

Fellpflege
Frettchen pflegen ihr Fell mit Hilfe ihrer Zunge recht gut alleine und brauchen fast keine menschliche Hilfe.
Während des Fellwechsels, im Herbst und im Frühjahr, können sie jedoch die abgestorbenen

Während des Fellwechsels abgestorbene Haare mit einer weichen Naturhaarbürste entfernen.

Das Säubern der Ohren mit einem Wattestäbchen sollten Sie sich von einem Tierarzt zeigen lassen.

Pflegemaßnahmen

Gebißkontrolle
Das Gebiß des Frettchens sollte regelmäßig auf Zahnstein hin kontrolliert werden. Einige Fertigfuttersorten enthalten karamelisierte Bestandteile und fördern die Zahnsteinbildung bei Frettchen. Der gelbe Zahnstein am Gebiß der Tiere ist leicht zu erkennen und besonders bei älteren Tieren manchmal sehr ausgeprägt. Hinzu kommt, daß davon befallene Frettchen aus der Maulhöhle riechen. Lassen Sie den Zahnstein von einem Fachtierarzt entfernen.

Zur Gebißkontrolle packen Sie das Frettchen im Nackenfell. Zahnstein muß vom Tierarzt entfernt werden.

Haare im Fell mit einer weichen Bürste entfernen. Dabei immer mit dem Strich des Fells bürsten. Viele Frettchen genießen diese Pflegemaßnahme.
<u>Baden</u> sollten Sie ein Frettchen nur dann, wenn das Fell z. B. nach einem Spaziergang im Freien stark verschmutzt ist. Als Badewanne verwenden Sie eine mit lauwarmem Wasser gefüllte Plastikwanne. Während des Badens das Tier mit einer Hand unter dem Brustkorb halten und mit der anderen Hand das Fell anfeuchten und von grobem Schmutz befreien. Sehr stark verschmutztes Fell kann mit einem milden Baby- oder Katzenshampoo behandelt werden. Anschließend das Frettchen mit klarem handwarmem Wasser vom Schaum befreien und mit einem weichen Handtuch abtrocknen. Bevor ein Frettchen wieder nach draußen darf, muß sein Fell vollständig trocken sein.
Hinweis: Manche Frettchen planschen gerne im Wasser, andere wiederum verabscheuen das nasse Element.

Krallen kürzen
Mit zu langen Krallen kann das Frettchen hängenbleiben und sich schwer verletzen. Deshalb müssen die Krallen gekürzt werden. Lassen Sie sich das Krallenschneiden das erste Mal am besten von einem Tierarzt oder einem erfahrenen Frettchenhalter zeigen. Keinesfalls dürfen nämlich die in den Krallen verlaufenden Blutgefäße verletzt werden.

Ohren säubern
Gelegentlich müssen die Ohren des Frettchens vorsichtig mit einem Wattestäbchen gesäubert werden. Entfernen Sie jedoch nur sichtbaren Schmutz, nicht das Ohrenschmalz. Achtung! Zu tief eingeführte Wattestäbchen können den Gehörgang des Tieres verletzen.

Zu lange Krallen müssen gekürzt werden.

Der richtige Umgang im Alltag

Frettchen züchten

Frettchenwelpen aufwachsen zu sehen, gehört sicherlich zu den schönsten Erlebnissen, die ein Tierfreund erfahren kann. Doch um Frettchen zu züchten und deren Junge aufzuziehen, bedarf es einiger Überlegungen vorab:

✔ Haben Sie ausreichend Platz? Sie benötigen mindestens zwei getrennte große Gehege, um den Welpen genügend Entwicklungsraum während der ersten prägenden Lebenswochen bieten zu können. Außerdem sollte der Rüde nach der Paarung von der trächtigen Fähe und später anfangs auch von den Welpen getrennt gehalten werden.

✔ Frettchenfähen ziehen ihre Jungen in der Regel problemlos auf. Sie sollten jedoch auf Zwischenfälle während der Tragzeit und der Geburt vorbereitet sein. Wenn z. B. eine Fähe ihren Wurf vernachläßigt, brauchen Sie eine Amme für die Kleinen (→ TIP, Seite 38).

✔ Sichern Sie sich rechtzeitig den Beistand eines Tierarztes, wenn der Geburtstermin ansteht. Es könnten Komplikationen während der Geburt auftreten.

✔ Eine Fähe kann pro Wurf zwischen zwei und zwölf Welpen zur Welt bringen. Haben Sie genügend verantwortungsvolle »Abnehmer« für den Frettchennachwuchs?

Wissenswertes über die Zuchttiere

Voraussetzung für die Eignung zur Zucht ist, daß beide Elternteile völlig gesund sind, mit dem nötigen Impfschutz versehen wurden (→ Seite 54) und optimal ernährt werden (→ Seite 29). Während der Tragzeit und der Aufzucht der Jungen hat die Fähe einen erhöhten Nahrungsbedarf (→ Seite 38).

Hinweis: Züchten können Sie entweder mit dem eigenen Frettchen-Paar oder aber Sie finden einen passenden Partner für Ihr Frettchen z. B. bei einem Züchter in Ihrer Nähe.

Geschlechtsreif wird das domestizierte Frettchen zwischen dem neunten und zwölften Lebensmonat. In der Praxis hat es sich jedoch bewährt, gerade die Fähe erst ab einem Alter von mindestens 12 bis 15 Monaten zur Zucht einzusetzen. Zu früh gedeckte Fähen haben häufiger Schwierigkeiten bei der Geburt oder vernachläßigen ihren Nachwuchs.

Die sexuelle Aktivität der Frettchen beginnt im Frühjahr, wenn die Tage wieder heller und länger und die Nächte kürzer werden.

Bei der Fähe schwillt die Vulva, die äußere Scham, etwa kirschgroß an und sondert eine klebrige Flüssigkeit ab. Jetzt ist die Fähe paarungsbereit und kann erfolgreich befruchtet werden. Beim Rüden ermöglicht die Ausschüttung von Sexualhormonen das Wachstum der Spermien. Dies ist eindeutig an den hervortretenden und nach außen hin anschwellenden Hoden zu erkennen.

Im Spiel mit den Geschwistern lernen Frettchen das Sozialverhalten in der Gruppe.

Die Paarung

Die Paarung

Vor der Paarung sollten Rüde und Fähe getrennt voneinander gehalten werden. Erst wenn die Fähe in die Ranz kommt, also paarungsbereit ist und befruchtet werden kann, kommt der Rüde ins Spiel. So wissen Sie genau, wann die Fähe vom Rüden gedeckt wurde und können in etwa den Geburtstermin der Welpen errechnen. Es hat sich bewährt, die Fähe in den separaten Käfig des Rüden zu bringen oder beide an einem neutralen Ort wie z. B. in einem leerstehenden Zimmer oder warmem Kellerraum zusammenzubringen. Setzen Sie zunächst die Fähe in das Gehege des Rüden, damit sie sich an den Duft ihres Partners gewöhnen kann. Erst dann darf der Rüde zur Fähe. Mit lautem

Einem Kind müssen Sie den richtigen Umgang mit dem Frettchen zeigen.

Muckern und meist aufgestelltem Fellhaar begegnen sich beide Tiere aufgeregt. Schon bald hat sich der Rüde im Nackenfell der Fähe verbissen und versucht, sie zu decken (→ Zeichnung, Seite 38).
Der Eisprung, Voraussetzung für die Befruchtung einer Eizelle bei der Fähe, wird übrigens nur durch den Deckakt ausgelöst.
Der eigentliche Deckakt kann bis zu 30 Minuten dauern. Danach werden Rüde und Fähe getrennt, damit sich die Fähe ungestört auf ihre Mutterrolle vorbereiten kann.

Der richtige Umgang im Alltag

> ## TIP
>
> ### Fähen sind gute Ammen
>
> Es kommt vor, daß eine Fähe zwölf Welpen zur Welt bringt. Manchmal reicht die Milch der Mutter jedoch nicht aus, um alle Jungen großzuziehen. Wenn Sie nicht möchten, daß einige Welpen sterben, müssen Sie eine Amme für einige der Kleinen finden. Gut ist es, sie einer Fähe unterzulegen, die selbst nur einen kleinen Wurf hat oder aber einer scheinträchtigen Fähe, die zwar keine Welpen geboren hat, aber dennoch Milch produziert. Solch eine Amme läßt sich relativ leicht über den Tierarzt, das örtliche Tierheim oder durch die zahlreichen Frettchen-Vereine ausfindig machen. Haben Sie eine Frettchen-Amme gefunden, empfiehlt es sich, der Fähe die fremden Welpen vorsichtig »vorzustellen«. Lassen Sie die Fähe zunächst ausgiebig an den nicht eigenen Welpen schnuppern. Häufig packt sie danach die Kleinen mit dem Maul am Nackenfell und trägt sie nacheinander in ihr Nest in der Wurfkiste. Ab sofort füttert nun die Fähe die kleinen Fremdlinge mit durch.

Die trächtige Frettchenfähe

Die Tragzeit beträgt bei Frettchen etwa 42 Tage. Wichtig ist, daß Sie der Fähe jetzt besonders abwechslungsreiche und nahrhafte Kost und stets frisches Trinkwasser anbieten. Geben Sie verschiedene Sorten Naßfutter, eiweißreiches Trockenfutter, frisches Muskelfleisch, diverses Obst, Hüttenkäse oder Quark und ab und zu, je nach Appetit des Tieres, etwas Vitaminpaste. Beschäftigen Sie die Fähe bis kurz vor der Geburt wie gewohnt und ermöglichen Sie ihr den häufigen Freilauf im Zimmer.

Um den zwanzigsten Tag ihrer Schwangerschaft legt die Fähe sichtlich an Gewicht zu. Gegen Ende der Tragzeit bekommt sie einen rundlichen, weichen und hängenden Bauch und es werden sechs bis acht Zitzen sichtbar. Jetzt sollten Sie die Fähe sehr behutsam behandeln und vor allem beim Hochheben vorsichtig sein.

Wenige Tage vor der Geburt wird die Fähe in der Regel träger als sonst und beginnt in ihrer Schlaf- bzw. Wurfkiste, ein höhlenartiges Nest zu bauen. Deshalb empfiehlt es sich, die Kuscheltücher in der Wurfkiste um den 38. Tag der Tragzeit ein letztes Mal vor der Geburt gegen frische auszutauschen.

Die Geburt

Kurze Zeit vor dem Werfen haben die meisten Fähen keinen Appe-

Während des Deckaktes verbeißt sich der Rüde im Nackenfell der Fähe.

Die Entwicklung der Jungen

tit, das Gesäuge schleift am Käfigboden und sie werden unruhig.

Dann zieht sich die Fähe in die Wurfkiste zurück, legt sich auf die Seite und preßt die Welpen nacheinander aus dem Geburtskanal. Manchmal zieht sie sie zusätzlich mit dem Maul heraus.

Nach etwa zwei bis vier Stunden ist der gesamte Geburtsvorgang abgeschlossen und die Fähe beginnt, die Neugeborenen in ihrer Nestkuhle zu säugen. Durchschnittlich werden sechs Welpen pro Wurf geboren, es können aber auch nur zwei oder aber bis zu zwölf Tiere sein.

Hinweis: Wenn die Fähe sich ein wenig von der Geburt erholt hat, sollte man sie mit einem Leckerbissen aus der Wurfkiste locken, um kurz das Nest zu kontrollieren und die Welpen zu zählen. Entfernen Sie dabei blutige Nachgeburtsreste und eventuell totgeborene Junge.

Das Heranwachsen der Welpen

Bei ihrer Geburt wiegen die winzigen, nackten, hautfarbenen Welpen etwa neun bis elf Gramm und sind nur ca. sechs bis sieben Zentimeter groß. Augen und Gehörgänge sind noch geschlossen. Doch instinktiv geben die Kleinen ein leises Fiepen von sich, daß sogenannte Nestgezwitscher, um die Mutter darauf aufmerksam zu machen, das es Zeit für die erste Milchmahlzeit ist. Bis etwa zur dritten Lebenswoche

Frettchen-fähen ziehen ihren Nachwuchs meist liebevoll und problemlos auf.

versorgt die Fähe ihren Wurf alleine, ohne daß Sie etwas hinzufüttern müssen. Während dieser Zeit leckt die Mutter auch die Ausscheidungen der Welpen auf und hält so das Nest sauber.

Mit etwa zwei Wochen haben die Frettchenbabies ungefähr das sechs- bis siebenfache ihres Geburtsgewichts erreicht. Die Mutterfähe schleppt nun Futterbrocken in das Nest, damit die Welpen daran saugen und lecken können. Ab dem 21. Lebenstag bieten Sie den Kleinen dreimal täglich nahrhaften Fleischbrei (Dosenfutter), angereichert mit Vitaminen, Futterkalk, Hundeflocken und ähnlicher Kost an. Streichen Sie den Futterbrei auf einem Teller flach aus.

In der dritten Woche färbt sich das helle Fell der Welpen langsam um. Der Fellflaum läßt nun gut erkennen, ob es sich z. B. um ein iltisfarbenes oder siamfarbenes Tier handelt.

In der vierten Woche öffnen sich Gehörgänge und Augen der Kleinen. Es ist gar nicht ungewöhnlich, daß sich zuerst nur ein Auge öffnet und das andere erst ein bis zwei Tage später.

Ab der fünften Lebenswoche beginnen die Welpen, ihre Umwelt zu erkunden. In den nächsten Wochen lernen sie im Spiel mit der Mutter und den Geschwistern das Sozialverhalten innerhalb der Gruppe und werden von Tag zu Tag sicherer in ihren Bewegungen. Ihr ausgiebiger Kontakt zu den Kleinen entscheidet jetzt darüber, wie zahm und vertraut sich ein Frettchen später gegenüber Menschen verhält. Frühestens ab der achten Woche darf man die Welpen von Mutter und Geschwistern trennen. Besser, man läßt sie noch zwei bis drei Wochen länger zusammen.

VERHALTEN UND BESCHÄFTIGUNG

Frettchen verfügen über ein beachtliches Verhaltensrepertoire, das Sie vor allem dann beobachten können, wenn Sie mindestens zwei Frettchen halten. Je eher Sie die Verhaltensweisen Ihrer Frettchen zu deuten wissen, umso besser werden Sie Ihre Tiere verstehen.

Verhaltensweisen, die Sie kennen sollten

Im täglichen Umgang mit Ihren possierlichen Frettchen werden Ihnen sicher viele typische Verhaltensweisen auffallen.

Hochhüpfen: Schon wenn Sie sich dem Käfig nähern und leicht am Gitter kratzen, wird das zutrauliche Frettchen aus seinem Schlafhäuschen kommen und sich freudig aufgeregt am Gehegegitter hochhangeln. Gewähren Sie dem Tier jetzt Freilauf im Zimmer, kennt seine Begeisterung kaum noch Grenzen. Endlich kann es seine überschüssige Energie abbauen. Frettchen führen dann einen wahren Freudentanz auf. Sie hüpfen hoch, springen seitwärts und trippeln, meist rückwärts, hin und her.

Zittern: Weckt man ein Frettchen aus dem Tiefschlaf in seiner kuscheligen Schlafkiste auf, dauert es meist eine Zeit lang, bis sein Kreislauf so richtig in Schwung kommt. Das Tier wirkt anfangs noch sehr verschlafen, es fühlt sich sehr warm an und seine Muskulatur ist recht schlaff. Nimmt man das Frettchen nun auf den Schoß oder setzt es auf den Boden, zittert es am ganzen Körper. Auf diese Weise regt das Frettchen seinen Kreislauf an.

Anspannung: Häufig läßt sich Anspannung bei zwei miteinander spielenden Frettchen beobachten. Ist beispielsweise ein Tier unter der Couch verschwunden, liegt das andere lauernd davor und bewegt dabei aufgeregt den Schwanz hin und her. Es wartet gespannt ab, ob sein Mitspieler wieder auftaucht.

Angst: Hat ein Frettchen Angst, gleich ob vor einem fremden Hund oder weil man es aus Versehen einmal leicht getreten hat, stößt das Tier einen markanten Schrei aus. Gefällt einem Frettchen etwas ganz und gar nicht oder will es einen Artgenossen absolut nicht akzeptieren, faucht es intensiv, sträubt sein Fell und plustert den Schwanz auf (→ Zeichnung, Seite 42).

Wohlfühlen: Läßt sich das Frettchen während des Freilaufs spielerisch von Ihnen umherjagen, läuft dabei immer wieder rückwärts und muckert fröhlich, ist das Frettchen rundum zufrieden. Das Tier genießt den Freilauf und erfreut sich am gemeinsamen Spiel mit Ihnen.

Ausruhen: Haben Ihre Frettchen ausgiebig während des Freilaufs getobt, lassen sie sich oft ganz plötzlich flach auf den Bauch fallen. Ein

Mal ein neuer Ausblick. Frettchen sind immer für Abwechslung zu haben.

Verhalten und Beschäftigung

Zeichen dafür, daß ihre Kondition nun langsam nachläßt und sie zwischenzeitlich verschnaufen müssen. Nach kurzer Pause aber geht das Umhertollen meist wieder von vorne los.

Die dämmerungsaktiven Frettchen brauchen auch tagsüber viel Schlaf. Sie schlafen dann ausgiebig und sehr fest. Wecken Sie ein Frettchen niemals mutwillig auf!

<u>»Bunkern«:</u> Mit der Zeit werden Sie feststellen, daß Ihre Frettchen nicht nur Futterbrocken in ihr Schlafhaus schleppen. Alle möglichen Gegenstände versuchen die Tiere während des Spiels und Freilaufs mit dem Maul zu packen und transportieren sie beispielsweise hinter die Wohnzimmercouch oder unter einen Schrank. Kleine Spielbälle, herumliegende Strümpfe, Löffel und ähnliches werden liebend gerne von ihnen versteckt und auf »Vorrat gelegt«.

<u>Buddeln und Stöbern:</u> Es ist bemerkenswert wohinein Frettchen alles »ihre Nase stecken«. Besonders lieben sie es, die Erde oder das Tongranulat von Zimmerpflanzen mit den Vorderbranten und der Schnauze zu durchwühlen. Dieser "Buddelinstinkt" ist sehr ausgeprägt. Stellen Sie Ihren Frettchen deshalb am besten eine eigene Buddelkiste, gefüllt mit Stroh, Torf oder trockenem Laub zur Verfügung. Außerdem können Sie beobachten, wie die Tiere oftmals versuchen, ihren Futternapf durch den Käfig zu schieben, ohne auf dessen Inhalt zu achten. Sie haben ihre Freude daran, wenn sie es schaffen, den Napf von der Stelle zu bewegen. Frettchen lieben eben alles, was sich irgendwie bewegt und »lebendig« erscheint.

<u>Neugierde:</u> Eine besonders typische Eigenschaft ist die Neugierde des Frettchens. Haben Ihre Frettchen Freilauf, werden sie Sie überall hin verfolgen, um zu sehen, was genau Sie machen. Wenn Sie etwas in die Hand nehmen, wird es Ihnen nur mit Mühe gelingen, Ihre Frettchen abzuwehren. Natürlich möchten sie untersuchen, was Sie in der Hand halten.

<u>Übermut:</u> Die verspielten Frettchen versuchen immer wieder, die Füße »ihres« Menschen zu erhaschen und auch in einen der Zehen zu zwicken. Dies scheint eine Unart der meisten Frettchen zu sein, doch dieses Spiel macht ihnen nun einmal ganz besonderen Spaß. Falls Ihnen dieses Verhalten unangenehm ist, sollten Sie auf jeden Fall geschlossene Hausschuhe tragen, wenn die Frettchen Freilauf in der Wohnung haben.

<u>Belecken und Fellpflege:</u> Frettchen pflegen ihr Fell ausgiebig mit Hilfe ihrer Zunge und belecken sich auch gerne

Mit aufgestelltem Fell signalisiert das Frettchen: Mit diesem Hund will ich nichts zu tun haben.

gegenseitig das Fell. Selbst Sie werden wahrscheinlich ebenfalls häufig beleckt und beschnuppert. Ein Zeichen dafür, daß das Frettchen Sie akzeptiert und sehr mit Ihnen vertraut ist. Sie sollten jedoch aus hygienischen Gründen nicht zulassen, daß die Tiere auch Ihr Gesicht belecken.

Kennenlernen und Vertraut machen: Treffen zwei Frettchen aufeinander, beschnuppern sie sich gegenseitig an der Aftergegend. Durch die Analkontrolle können sie feststellen, ob ihr Gegenüber weiblich oder männlich ist und ob sie den Artgenossen kennen oder nicht. Frettchen erhalten wohl noch viele andere Informationen durch den Duft der Analgegend, da dieses Beschnuppern zum festen Ritual eines jeden Frettchens gehört.

Was das Frettchen von sich hören läßt

Frettchen geben eine Vielzahl verschiedener Laute von sich.

Das Muckern, eine Art tiefes Gurren oder Gakkern, gehört wohl zu den typischsten Lautäußerungen des Frettchens. In der Gruppe mit anderen Frettchen oder wenn man mit ihnen spielt, ist dieses Muckern immer wieder zu hören. Ein Ausdruck von Ausgeglichenheit und Wohlfühlen, soweit man dies deuten kann.

Ein rauhes Fauchen ist dann zu hören, wenn sich ein Frettchen Respekt verschaffen möchte. Dies ist beispielsweise dann der Fall, wenn sich zwei Tiere um ein und dasselbe Fleischstück streiten oder sich zwei fremde Tiere begegnen, die sich nicht besonders leiden mögen.

Einen kurzen schrillen Ton stößt das Frettchen dann aus, wenn es Angst hat und unsicher ist. Der bedrohliche Ton soll wohl bewirken, daß sein Gegenüber eingeschüchtert wird.

Ein leises Fiepen ist in erster Linie von neugeborenen Frettchen zu vernehmen. Sie fiepen

TIP

Frettchenfreunde treffen sich im Internet

Frettchenfreunde finden nun auch Gleichgesinnte im Internet. Unter der Adresse http://www.frettchen.de erfährt man Interessantes und Nützliches rund ums Thema Frettchen. Die Anschriften vieler Frettchenvereine werden dort ständig aktualisiert und Ausstellungstermine veröffentlicht. Zu Hause, vor dem Computer, können Sie sich auch in einem großen internationalen Frettchen-Forum mit Frettchenhaltern und Züchtern online treffen und Probleme und Fragen eingehend diskutieren.

Die Diskussionsthemen sind zur besseren Übersicht nach bestimmten Bereichen wie z.B. Pflege, Ernährung, Krankheiten und Zucht geordnet. Es können aber auch ganz einfach neue Themen vom Internetbenutzer hinzugefügt werden und weitere Diskussionsrunden eröffnet werden.

Auf den Internetseiten findet man darüberhinaus einen interessanten und kostenlosen Kleinanzeigenmarkt, wo Frettchenfreunde online Zubehör und auch Frettchen selbst suchen und anbieten können. Per Mausklick wird die Anzeige einfach ins weltweite Web gestellt.

nach der Geburt so lange, bis sie von der Mutter gesäugt werden und satt sind.

Andererseits zeigt das ruhige, ausgeglichene Nestgezwitscher, wie das Fiepen auch genannt wird, der Fähe, daß die Welpen gesund und munter sind.

44 VERHALTEN
DOLMETSCHER

Wenn Sie Ihr Frettchen verstehen wollen, sollten Sie sein Verhalten richtig deuten können.

 Dieses Verhalten zeigt mein Frettchen.

Was will das Frettchen damit ausdrücken?

So reagiere ich richtig auf sein Verhalten!

Frettchen stecken ihre Nase überall hinein.

Frettchen müssen alles Unbekannte erforschen.

Gefährliche Gegenstände und giftige Substanzen außer Reichweite bringen.

Das Frettchen springt erfrischt aus der Wasserschüssel.

Im Sommer kühlt es sich gerne im Wasser ab.

Bieten Sie ihm in den heißen Sommermonaten »Badewasser« an.

Dieses Tier hat gelernt, daß frisches Wasser aus dem Hahn kommt.

Frettchen sind intelligent.

Abrichten läßt sich ein Frettchen jedoch nicht.

Das Frettchen leckt verspielt am Zeigefinger des Halters.

Die Tiere haben eine Vorliebe für Finger und Zehen des Menschen.

Im Eifer des Spiels kann ein Frettchen auch mal zubeißen.

👉 Mit einem Leckerbissen läßt sich das Tier auch zum »Männchen machen« bewegen.

❓ Frettchen sind wahre Leckermäulchen.

❗ Leckerbissen fördern das Vertrauen des Tieres zu Ihnen.

45

Das Siam-Frettchen legt eine Verhnaufpause während des Freilaufs ein. 👉

Beim Ausruhen sammelt es ❓ neue Kräfte.

Frettchen haben wenig Ausdauer. ❗

Verschmitzt schaut das Frettchen 👉 aus dem Gebüsch.

Frettchen lieben alles was raschelt. ❓

Bieten Sie dem Tier eine Buddelki- ❗ ste mit Stroh oder trockenem Laub an.

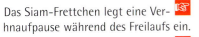

👉 Katze und Frettchen gemeinsam im eingezäunten Garten.

❓ Frettchen entlaufen schnell und finden nicht wieder nach Hause zurück.

❗ Frettchen dürfen nur unter Aufsicht frei im Garten laufen.

Ausgiebig wird das Fell mit der Zunge gepflegt. 👉

Frettchen sind sehr reinliche Tiere. ❓

Während des Fellwechsels sollten Sie ❗ abgestorbene Haare durch leichtes Bürsten entfernen.

Verhalten und Beschäftigung

Es soll schon vorgekommen sein, daß Welpen, die in den ersten Minuten ihres Lebens still waren, nicht von der Mutter angenommen und in Einzelfällen sogar getötet wurden.

Der typische Geruch des Frettchens

Frettchen haben einen typischen Eigengeruch. Man könnte sagen, sie riechen nach Wildtier. Doch Frettchen verströmen ihren markanten Duft nur in einer Streßsituation oder aus Angst. Dies kommt in der Regel aber extrem selten vor. Produziert wird der Duftstoff übrigens in den Analdrüsen, die sich am Darmausgang befinden. Manche Halter kommen auf die Idee, daß die Analdrüsen des Frettchens von einem Tierarzt operativ entfernt werden könnten. Dies ist jedoch gesetzlich verboten und würde das Frettchen außerdem in seinem natürlichen Verhalten beträchtlich einschränken.

<u>Paarungsbereite Frettchen markieren</u> ihr Revier mit Duftstoffen und Urin. Außerdem spielen die Duftstoffe in der Kommunikation mit Artgenossen eine große Rolle (→ Kennlernen und Vertraut machen, Seite 43).

Das bissige Frettchen

Immer wieder hört man von Frettchen, die nicht zahm werden, sich widerspenstig und störrisch verhalten und sogar öfters zubeißen.

<u>Ursache:</u> Meist handelt es sich dabei um Frettchen, die schlechte Erfahrungen mit dem Menschen gemacht haben und um die sich zu wenig gekümmert wurde. Gerade Frettchen brauchen die intensive Zuwendung »ihres« Menschen. Dazu gehört auch das tägliche ausgiebige Beschäftigen mit diesen lebhaften Tieren. Es reicht keinesfalls aus, nur das Gehege der Frettchen sauber zu halten, sie lediglich mit Futter und Trinkwasser zu versorgen und ihnen ab und zu Freilauf zu gewähren.

Auch Frettchen-Welpen, die in ihren ersten Lebenswochen nicht mit Menschen in Berührung kamen, bleiben scheu und werden später oft nur bis zu einem gewissen Grad zutraulich.

<u>Abhilfe:</u> Sind Sie an ein störrisches, meist schon älteres Frettchen geraten, das immer wieder versucht zu zwicken oder gar fest zuzubeißen, hilft nur eines: Versuchen Sie, langsam und behutsam Vertrauen zwischen dem verängstigten Tier und Ihnen aufzubauen. Vielleicht läßt sich das Frettchen auch mittels eines zweiten besonders zahmen Heimfrettchens davon überzeugen, daß ihm niemand etwas Böses will. Überfordern Sie das ängstliche Frettchen jedoch nicht und gehen Sie beim Vertrauen aufbauen schrittweise vor (→ Das störrische Frettchen, Seite 27).

Im Fachhandel gibt es Frettchenspielzeug wie diesen Stofftunnel zu kaufen.

Körper - und Lautsprache

Körper- und Lautsprache des Frettchens

So verhält sich das Tier	Was dieses Verhalten ausdrückt
Aufstellen und Aufplustern des Felles und des Schwanzes, hochbeinig tippeln.	Angst.
Rückwärts vor dem Spielpartner Mensch weglaufen und dabei mit dem Kopf hin und herwackeln.	Übermut, große Spielfreude.
Schlagartig flach hinfallen lassen, dabei mit den Augen alles genau beobachten.	Verschnaufpause, Abwägen der Situation.
Alles nur irgendwie Tragbare in ein dunkles Versteck schleppen.	»Beute« sichern und »Vorräte« anlegen.
Nach dem Aufwachen ausgiebig gähnen und langanhaltendes Zittern des Körpers.	Kreislauf in Schwung bringen, wach werden.
Kleine Urinpfützen während des Freilaufs absetzen.	Markieren des eigenen Reviers.
Kräftiger, beißender Geruch bei großer Angst und Abwehr.	Aktivierung der Analbeutel, Verströmen des markanten Dufts in bedrohlichen Situationen.
Mit der Schnauze und den Vorderpfoten in Blumenerde oder Hydrokultur buddeln.	Spieltrieb, »Höhlenbau«.
Während des Spiels in die Zehen und Finger »ihres« Menschen zwicken.	Nach sich »bewegender« Beute schnappen.
Belecken des Partners oder der Bezugsperson.	Zuneigung, Akzeptanz, soziale Zuwendung zum Artgenossen.
Markanter kurzer und sehr lauter Schrei.	Erschrecken, große Angst.
Ständiges Muckern während des Freilaufs.	Ausgeglichenheit, Freude.
Leises Fiepen nestjunger Frettchen.	Die Mutter auf sich aufmerksam machen z. B. aus Hunger.
Fauchen.	Sich Respekt verschaffen.

Verhalten und Beschäftigung

Diese beiden jungen Iltisfrettchen genießen den Ausflug ins raschelnde Laub.

Die Sinnesleistungen

Rückschlüsse über die Sinnesleistungen des Frettchens lassen sich vor allem dann ziehen, wenn man die Lebensweise seines Verwandten, des Iltisses, kennt.

Der Tastsinn ist beim Frettchen sehr gut ausgeprägt. Mit Hilfe seiner Tasthaare, die auf der Oberlippe und über den Augen sitzen, kann es z.B. jeden Kaninchenbau perfekt erkunden. Auch der Iltis, der ja in dunklen Bauten lebt und besonders nachts und in der Dämmerung aktiv ist, muß sich besonders auf seinen Tastsinn verlassen.

Das Riechvermögen des Frettchens ist ebenfalls hervorragend. Sie werden feststellen, daß Ihre Frettchen ihr Futter überall aufstöbern, selbst, wenn Sie es noch so gut versteckt haben. Der Iltis ist als Raubtier, das Beute macht, auf sein gutes Riechvermögen angewiesen.

Das Hörvermögen des Frettchens ist außerordentlich gut. Es ist sogar in der Lage »seinen« Mensch am Schritt zu erkennen. Der Iltis ist vor allem aufgrund seiner nächtlichen Lebensweise auch auf ein gutes Hörvermögen angewiesen.

Das Sehvermögen spielt für ein Frettchen, ebenso wie für den Iltis, nur eine untergeordnete Rolle.

Spiele, die Spaß machen

Über den Geschmackssinn des Frettchens ist bisher wenig bekannt. Manche Tiere entwickeln jedoch Vorlieben für bestimmtes Futter.

Spiel und Spaß mit den Frettchen

Frettchen sind eigenllich immer zum Spielen aufgelegt. Alles was raschelt, durchwühlt, umgeworfen und genau untersucht werden kann, ist äußerst interessant für die Marderartigen. Allerdings sollten Sie Spielzeug von Zeit zu Zeit austauschen, damit es den Frettchen nicht langweilig wird. Oft genügt es schon, wenn Sie ein bestimmtes Spielzeug für eine Weile weglegen und es den Frettchen zu einem späteren Zeitpunkt wieder anbieten. Frettchen kann man die Zeit mit ganz einfachen Dingen vertreiben. Eine geräumige Kiste oder Karton gefüllt mit trockenem Torf, Stroh, raschelndem Papier, trocknem Laub, Sand oder vielen weichen Baumwolltüchern wird regelrecht auf den Kopf gestellt und mit den Branten und der Schnauze durchwühlt.
Alles was sich bewegt, beispielsweise ein Tennis- oder Tischtennisball, wird mit großem Vergnügen durch die Wohnung gestupst.
Alles höhlen- oder tunnelartige fasziniert Frettchen. Besonders die im Bau-fachhandel erhältlichen Kunststoffröhren eignen sich hervorragend, um den Tieren ein kleines Labyrinth zu bauen, durch das sie hindurchschlüpfen können (→ Zeichnung, Seite 26/27). Zum Klettern und Verstecken bietet sich auch ein Tunnel aus Korkrinde an, den es im Fachhandel zu kaufen gibt (→ Zeichnung, Seite 14). Große Pappröhren eignen sich ebenfalls wunderbar als Versteck und zum Hindurchkriechen.
Spielzeug für Frettchen bieten inzwischen viele Zoofachgeschäfte an (→ Seite 25). Aber auch z. B. mit einem alten Handtuch oder einer kuscheligen Decke können Sie Frettchen eine Freude machen.
Mit »ihrem« Menschen zu spielen lieben Frettchen über alles. Sie hüpfen dann aufgeregt durch die Wohnung und freuen sich, daß ihnen so viel Aufmerksamkeit zuteil wird. Besonders gern mögen sie es, wenn man versucht, sie zu fangen. Aber auch auf dem Boden können Sie ausgelassen mit den Tieren herumtollen, sie auf den Rücken drehen und ihnen den Bauch kraulen. Natürlich dürfen Schmusestunden nicht fehlen. Nehmen Sie die Tiere häufig auf den Schoß und kraulen Sie ihnen sanft das Fell. Bevorzugte Stellen sind am Kopf hinter den Ohren und die Brustpartie. Streicheln Sie immer in Wachstumsrichtung der Fellhaare, niemals gegen den »Strich«.
Für die Bindung zwischen den Frettchen und Ihnen ist es sehr wichtig, sich intensiv mit den Tieren zu beschäftigen.
Hinweis: Weitere Anregungen, wie Sie Ihre Frettchen sinnvoll unterhalten können, finden Sie auf den PRAXIS-Seiten 50 und 51.

Der Rüde beschnuppert die Fähe eingehend.

PRAXIS BESCHÄFTIGUNG

Kleine Abenteuerspielplätze
Mit ein wenig handwerklichem Geschick können Sie für Ihre Frettchen wunderbare »Spielwiesen« anlegen.
<u>Abenteuerpfad:</u> Befestigen Sie einfache Regalbretter in verschiedener Höhe so an der Wand, daß die Frettchen darüberlaufen oder von einem Brett zum anderen hüpfen können.
<u>Buddelkiste:</u> Sie läßt sich aus dünnen Brettern zuschneiden und wird dann verschraubt. Was Sie dort hineinfüllen, muß rascheln wie z. B. Papier oder kann zum Buddeln einladen wie etwa Sand.
Hinweis: Verwenden Sie nur ungiftige Materialien. Ungeeignet sind auch Styroporteilchen, wie sie oft zum Verpacken verwendet werden. Die Tiere können sie verschlucken, was ihnen schwere Magen-Darmprobleme bereiten kann.
<u>Pappkartons:</u> Aus ihnen lassen sich prima Höhlen bauen. Schneiden Sie zwei relativ kleine Einschlupflöcher in den Karton. In diesem Höhlenersatz verstecken sich Frettchen nur allzu gerne.

Manchmal bleiben sie solange verschwunden, bis Sie sie mit einem Leckerbissen herauslocken. Überhaupt lassen sich Frettchen mit einem Stückchen Rindfleisch oder etwas Quark auf einem Löffelchen angeboten aus jedem Versteck locken, vorausgesetzt, sie haben nach der anstrengenden Spielerei schon wieder Appetit.

Katzenspielzeug
Handelsübliches Katzenspielzeug wie z.B. Fellmäuse (im Zoofachhandel erhältlich) kommen dem Beutetrieb des Frettchens entgegen. Die Mäuse werden ausgiebig hin- und hergeschüttelt. Gefallen finden Frettchen auch an Spielzeug, das mit einem kleinen Glöckchen versehen ist und Geräusche beim Spielen macht. Solch eine Maus oder ähnliches mit Glöckchen kann man auch gut zu einem »Köder« für eine Angel verwenden. Befestigen Sie das Spielzeug mit Hilfe eines Gummibandes an einem Stock und wedeln Sie

Spezialbälle
Seit einiger Zeit bietet der Zoofachhandel fußballgroße Spielbälle mit Schlupflöchern an, in denen sich die Frettchen gerne aufhalten und durch die sie gemeinsam hindurchschlüpfen (→ Zeichnung, unten). Daß sich diese Bälle dabei auch noch drehen, scheint ihnen große Freude zu machen.
Sehr zu empfehlen sind auch kleine Futterbälle, die winzige Löcher haben und etwa so groß sind wie Tennisbälle. Füllen Sie den Futterball z.B. mit Trockenfutter. Ihre Frettchen werden hingebungsvoll damit beschäftigt sein, sich Futterbrocken aus dem Ball zu angeln.

Die intelligenten Frettchen brauchen immer eine Beschäftigung und viel Abwechslung. Genügend interessantes Spielzeug ist daher für alle Frettchen unentbehrlich.

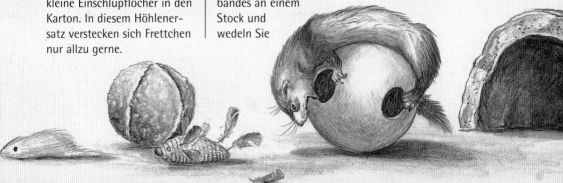

Abenteuerspielplätze
im Haus und im Freigehege

mit dem Köder vor der Nase der Frettchen hin und her. Sie werden sehen, die Tiere haben ihre wahre Freude daran, die Spielmaus zu fangen.

Gartenspaß

Im Garten gibt es für Frettchen allerhand Aufregendes. Im Herbst einen Laubhaufen zum Durchstöbern, im Sommer einen Haufen frisch gemähten Grases, im Winter der erste Schnee und natürlich alles, in das man hineinkriechen kann wie z. B. einen Eimer, eine Gießkanne oder einen alten Leinensack.
„Beute" fangen gehört zu den Lieblingsspielen der Frettchen. Am Ast eines Baumes können Sie etwas zum Erhaschen für die Frettchen anbringen. Befestigen Sie beispielsweise ein Spielzeug mit Glöckchen oder einen Leckerbissen an einer Schnur. Hängen Sie die Schnur mit dem Spielzeug so weit nach unten an den Ast, daß die Tiere durch Hochspringen bequem Spielzeug

Abwechslung im Freigehege

Halten Sie Ihre Frettchen in einem geräumigen Freigehege, können Sie den Tieren einen etwa einen Meter langen, ausgehöhlten Baumstamm zum Spielen abieten. Bohren Sie von oben etwa zwei bis drei 10 cm große Schlupflöcher in den Stamm. So können die Frettchen nicht nur von vorne oder hinten in den Stamm schlüpfen, sondern auch von oben.
Im Sommer wird der Stamm auch als Sonnenplatz genutzt.
Ein kleines Planschbecken in den heißen Sommermonaten sorgt für Badevergnügen Ihrer Frettchen. Verwenden Sie dazu z. B. eine Mörtelwanne aus Kunststoff (aus dem Baumarkt). Zur besseren Standfestigkeit sollten Sie die Wanne in die Erde einlassen. Bemessen Sie den Wasserstand niedrig, und sorgen Sie für einen gefahrlosen Ausstieg!
Hängematten nutzen Frettchen gerne zum Schaukeln. Inzwischen gibt es sie im Zoofachhandel zu kaufen, können aber auch beispielsweise aus großen Handtüchern selbst gefertigt werden.

oder Leckerbissen erreichen können. Setzen Sie die Schnur vorher leicht in Schwung.
Auch ein Spaziergang bietet dem Frettchen Abwechslung und neue Erlebnisse wie etwa interessante Gerüche, die es noch nicht kennt. Vielleicht kommen Sie auch an einem Erdhügel vorbei, in dem es sich für Frettchen herrlich buddeln läßt.

GESUNDHEITSVORSORGE UND KRANKHEITEN

Frettchen sind von Natur aus wenig krankheitsanfällig. Durch ausgewogene Ernährung, genügend Zuwendung, einem großen Gehege mit viel Bewegungsmöglichkeit, ausreichend Freilauf und sorgfältigen Pflegemaßnahmen bieten Sie Ihren Frettchen die besten Voraussetzungen, damit sie gesund bleiben.

Weitere Vorbeugemaßnahmen

Nicht nur die optimale Haltung trägt zur Gesundheitsvorsorge Ihrer Frettchen bei, sondern auch regelmäßige Schutzimpfungen gegen gefährlichste Infektionskrankheiten (→ Seite 54). Vor einer Impfung sollten Sie jedoch nach Rücksprache mit Ihrem Tierarzt Ihre Frettchen entwurmen, denn viele Tiere leiden unter Spulwürmern (→ Die Entwurmung, rechts unten).

Krankheitsanzeichen, die auffallen

Trotz bester Vorsorge kann natürlich auch ein Frettchen einmal krank werden. Sicher fällt es Ihnen auf, wenn das Tier sich anders als sonst benimmt, keinen Appetit mehr hat und an Gewicht verliert. Dies sind erste Anzeichen dafür, daß mit dem Frettchen etwas nicht in Ordnung ist.
Achten Sie außerdem auf folgende Veränderungen, um schon frühzeitig eine mögliche Krankheit des Frettchens zu erkennen:
✔ Kommt das Fettchen nicht wie gewohnt aus seiner Schlafkiste, wenn Futterzeit ist?

Das Iltisfrettchen hat die Kommode als tolles Versteck für sich entdeckt.

✔ Hat das Frettchen in letzter Zeit weniger Appetit als sonst und verschmäht auch die besten Leckerbissen?
✔ Ist der Kot fest und wohlgeformt?
✔ Wird das Fell nach dem Fellwechsel im Frühjahr und Herbst schnell wieder glänzend und dicht?
✔ Die normale Körpertemperatur des Frettchens beträgt zwischen 38 und 39 °C. Liegt die Temperatur über oder unter dem Normalwert, sollten Sie das Tier einem Fachtierarzt vorstellen. Fieber mißt man beim Frettchen am besten mit einem prismatischen Kinderfieberthermometer (→ Zeichnung, Seite 58).
Hinweis: Weitere Krankheitsanzeichen finden Sie in der Tabelle auf Seite 59.

Das Entwurmen

Spulwürmer machen vielen Frettchen zu schaffen. Diese Parasiten sind 5 bis 10 cm lang und weiß. Sie sehen fast aus wie Spaghettis. Spulwürmer ernähren sich im Dünndarm ihres Wirtes vom Nahrungsbrei.
Die Wurmeier und Larven gelangen über Belecken des Fells, Berühren von infiziertem Kot und durch den Verzehr von rohem Fleisch in den Frettchendarm.

Gesundheitsvorsorge und Krankheiten

Manche Würmer kapseln sich im Körper, meist in der Muskulatur ab, wo sie lange infektionsfähig bleiben. Bei trächtigen Weibchen werden die Würmer durch hormonelle Einflüsse reaktiviert und infizieren so über die Muttermilch die Welpen.

Würmer schwächen die Widerstandskräfte des Frettchens gegen Infektionen und können außerdem den Impfschutz beeinträchtigen.

Nach Rücksprache mit Ihrem Tierarzt sollten Sie Ihr Frettchen mit einer handelsüblichen Entwurmungspaste entwurmen (Gebrauchsanweisung beachten!).

Kokzidien sind kleine einzellige Darmparasiten, die vor allem bei Jungtieren anhaltenden Durchfall verursachen können. Anstecken können sich die Kleinen z. B. über Kot oder durch unsauberes Futter. Ist der Kot der Welpen sehr breiig, sollte man die Tiere schnellstens dem Tierarzt vorstellen.

Wichtige Schutzimpfungen

Tollwut und Staupe sind zwei gefährliche, für Frettchen tödlich verlaufende, Viruserkrankungen. Der beste Schutz gegen diese Krankheiten sind vorbeugende Impfungen.

Vitaminpaste ist ein heißbegehrter Leckerbissen für die meisten Frettchen.

Tollwut wird durch Biß eines tollwutkranken Tieres auf andere Tiere und den Menschen übertragen. Gefährdet sind vor allem Frettchen, die in Freigehegen leben und solche, die im Freien ausgeführt werden.

An Tollwut erkrankte Frettchen sind in der Regel überaus bissig. Im Verlauf der Krankheit wird das Tier apathisch und hat Lähmungserscheinungen.

Um Ihre Frettchen vor der Tollwut zu schützen, sollten Sie Ihre Tiere ab der 13. Lebenswoche vom Tierarzt impfen lassen. Die Impfung muß jährlich wiederholt werden.

Krankheitsanzeichen für Staupe sind beim Frettchen: Fieber, Augen- und Nasenausfluß. Im Krankheitsverlauf werden die Tiere immer apathischer und haben keinen Appetit. Es entwickeln sich Ekzeme an den Vorder- und Hinterläufen, die stark verkrusten. Meistens gehen erkrankte Frettchen innerhalb weniger Tage ein. Um dieser tödlichen Krankheit vorzubeugen, sollten Sie Welpen bereits in der 6. Lebenswoche impfen lassen. In der 12. Lebenswoche wird eine Wiederholungsimpfung vorgenommen. Danach muß die Impfung jährlich aufgefrischt werden.

Die häufigsten Krankheiten

Hinweis: Eine gegen Staupe geimpfte Fähe überträgt den Impfschutz auf ihre Jungen. Man sollte deshalb unbedingt alle Fähen, die zur Zucht eingesetzt werden, gegen Staupe impfen lassen. Natürlich müssen die Welpen trotzdem geimpft werden.

Außenparasiten

Frettchen, die sich viel draußen aufhalten, werden oft von Parasiten befallen.

Flöhe verursachen beim Frettchen starken Juckreiz, Rötungen der Haut und Hautveränderungen. Auch Hunde und Katzen können Flöhe auf Ihre Frettchen übertragen.

Im Zoofachhandel und beim Tierarzt erhalten Sie gut wirkende Flohmittel, die sowohl in Form von Shampoo als auch Puder sehr wirkungsvoll sind.

Zecken lassen sich von Bäumen oder Büschen auf ihre Opfer fallen und verbeißen sich in deren Haut, um sich mit Blut vollzusaugen. Mit einer speziellen Zeckenzange aus dem Fachhandel dreht man die mit Blut vollgesogene, etwa erbsengroße und glänzende Zecke aus der Haut des Frettchens. Achten Sie darauf, daß die Zecke nicht zerquetscht wird und der mit Infektionserregern angereicherte Speichel in die Blutbahn des Frettchens gelangt.

Ohrmilben kommen recht häufig bei den Marderartigen vor. Diese Parasiten setzen sich in den Ohrmuscheln des Frettchens fest und verursachen übelriechenden Ausfluß und Krusten. Anzeichen für einen Befall sind heftiges Kopfschütteln und Kratzen an den Ohren. Der Tierarzt behandelt Milben mit einer speziellen Salbe.

Hinweis: Bei Befall mit Ohrmilben sollten Sie unverzüglich sämtliches Nistmaterial in der Schlafkiste austauschen und den Käfig gründlich reinigen.

TIP

Der richtige Tierarzt

Nicht jeder Tierarzt kennt sich mit Frettchen aus, denn Frettchen gehören noch immer zu den eher exotischen Patienten in einer Tierarztpraxis. Einige Tierärzte haben sich jedoch inzwischen hervorragende Kenntnisse über Frettchen erworben und können beachtliche Erfolge bei der Behandlung von Marderartigen aufweisen. Ist Ihnen kein solcher Fachtierarzt in Ihrer Nähe bekannt, wenden Sie sich an die verschiedenen Frettchen-Vereine (→ Adressen, Seite 62). Hier kann man Ihnen bestimmt weiterhelfen. Auch in gutgeführten Zoofachhandlungen, beim Züchter oder über das Internet (www.frettchen.de) erfährt man die Adresse eines Tierarztes, der sich mit Frettchen auskennt.

Vergiftungen und Fremdkörper

Da die neugierigen Frettchen während des Freilaufs in der Wohnung alles untersuchen, was ihnen in die Quere kommt, kann es vorkommen, daß sie auch mit für sie giftigen Substanzen in Berührung kommen.

Bereits sehr salzhaltige Speisen, wie z. B. gepökelter Schinken, rufen beim Frettchen Vergiftungssymptome wie Erbrechen und Atemnot hervor (→ Seite 32). Sämtliche Putz- und Desinfektionsmittel hingegen beeinträchtigen in der Regel sofort das Nervensystem des Frettchens. Es kommt zu Lähmungen und Krämpfen. Bei Vergiftungserscheinungen sollten Sie Ihr Frettchen sofort zum Tierarzt bringen.

Gesundheitsvorsorge und Krankheiten

Mit einem Sprung setzt das gelenkige Frettchen zum Überqueren des Hindernisses an.

Fremdkörper, vor allem kleine Teile aus Gummi, die verschluckt werden, können zu einem Darmverschluß führen. Anzeichen für das Verschlucken eines Fremdkörpers sind meist Appetitlosigkeit, Speicheln und Durchfall. Hier kann nur der Tierarzt helfen. Häufig muß der verschluckte Gegenstand operativ entfernt werden.

Durchfall

Die Anzeichen für Durchfall sind dünnbreiiger Kot und ein verschmutztes Fell um den After.
Ursache ist sehr häufig verdorbenes Futter, das in der Schlafkiste gebunkert und dann gefressen wurde.
Als Sofortmaßnahme sollten Sie dem Frettchen für ungefähr 24 Stunden jegliches Futter entziehen. Bieten Sie ihm stattdessen viel frisches Trinkwasser an. Nach einem Tag geben Sie dem Tier ein wenig mageres Muskelfleisch. Nach zwei Tagen sollte der Kot wieder normal geformt sein, sonst hilft nur der Gang zum Tierarzt.

Grippe

Frettchen können sich mit menschlichen Grippeviren anstecken.
Die Anzeichen einer Grippe sind dann häufiges Nießen, Apathie und Fieber.
Die Behandlung muß von einem Tierarzt durchgeführt werden. In der Regel dauert die Infektion ein bis zwei Wochen. Grippe sollte bei Frett-

Die häufigsten Krankheiten

Zielsicher landet es auf der anderen Seite. Der Schwanz dient ihm dabei als »Ruder«.

chen mit Medikamenten zur Steigerung der körpereigenen Abwehr behandelt werden.

Erkrankung der Nebennierenrinde

Die Anzeichen dieser Krankheit sind der der Dauerranz sehr ähnlich (→ Seite 11). Zu Beginn der Erkrankung fallen dem Frettchen zunächst im Schwanzbereich und am Bauch die Haare aus. Auch bereits kastrierte Tiere zeigen plötzlich ein zunehmendes Ranzverhalten. Die Tiere leiden unter Juckreiz.

Ursache ist eine krankhafte Vergrößerung einer oder beider Nebennieren. Die Nebennieren sind wichtige Hormondrüsen, die am vorderen Pol der Nieren liegen.

Die Behandlung kann nur der Tierarzt vornehmen. In den meisten Fällen ist ein operativer Eingriff erforderlich.

Hinweis: Besonders ältere Frettchen erkranken an den Nebennieren.

Herzerkrankungen

Die möglichen Anzeichen einer Erkrankung des Herzmuskels sind: Verstärktes Atmen, extremes Schlafbedürfnis und Abmagern. Besonders dann, wenn Sie ein Frettchen halten, das älter als vier Jahre ist, sollten Sie Ihr Tier genau beobachten.

Die Behandlung kann nur von einem Tierarzt durchgeführt werden. Lassen Sie bei Ihrem Frettchen vorsorglich, im Rahmen der jährlichen Schutzimpfungen, eine Kontrolle des

Gesundheitsvorsorge und Krankheiten

Herz/Kreislaufsystems vornehmen. Je frühzeitiger eine Störung der Herzfunktion erkannt wird, desto besser kann die Krankheit therapiert werden.

Kahler und fettiger Schwanz

Besonders während des Fellwechsels kann es beim Frettchen zu einer übermäßigen Produktion von Talg kommen, so daß der Schwanz des Frettchens nur noch sehr dünn behaart ist oder fast kahl erscheint.

Eine wirkungsvolle Therapie dagegen ist mir nicht bekannt, jedoch verliert sich diese Erscheinung oft mit dem Ende des Fellwechsels wieder.

Die Kastration

Bei der Kastration werden die hormonproduzierenden Keimdrüsen operativ entfernt. Beim Rüden sind dies die Hoden, bei der Fähe die Eierstöcke. Frettchen kann man ab einem Alter von 10 Monaten kastrieren.

Nach der Kastration werden keine Geschlechtshormone mehr produziert. Damit entfällt auch das verstärkte Einsetzen des markanten Duftstoffes während der Paarungszeit (→ Seite 46).

Die Vorteile der Kastration liegen auf der Hand. Zum einen werden weder Rüde noch Fähe in ihrem Wohlbefinden beeinträchtigt (→ Dauerranz, Seite 11). Zum anderen entfällt das typische Geschlechtsverhalten der Frettchen. Darüber hinaus wird durch die Kastration der unkontrollierten Vermehrung von Frettchen vorgebeugt.

Der Haarwechsel

Zweimal im Jahr, im Frühjahr und Herbst, wechselt das Frettchen sein Fell. Das ist ein natürlicher Prozeß und kein Anzeichen für eine Krankheit.

Im Frühjahr verliert das Tier seine dichte Unterwolle. Das Fell wird sichtbar dünner.

Im Herbst setzt das Frettchen an Gewicht zu. Die Unterwolle und auch die Grannenhaare werden länger. Das Fell wirkt wieder schön dicht.

Während des Fellwechsels sollten Sie Ihre Frettchen regelmäßig bürsten, um abgestorbene Haare zu entfernen und den Kreislauf der Tiere anzuregen.

Hinweis: Da der Fellwechsel dem Organismus des Frettchens Kräfte abfordert, sollten Sie während dieser Zeit auf ausreichende Vitamin- und Proteingaben achten (→ Seite 33). Mehrfach ungesättigte Fettsäuren und Zinkgaben (beim Tierarzt erhältlich) wirken ebenfalls kräftigend.

Das Fiebermessen beim Frettchen sollten Sie sich das erste Mal besser von einem Tierarzt zeigen lassen.

Kastration und
Haarwechsel **59**

Krankheiten rechtzeitig erkennen

Anzeichen	Mögliche Ursachen
Dünnbreiiger, übelriechender Kot.	meist verdorbenes oder unbekömmliches Futter (→ Seite 56).
Nießen, Nasenausfluß, Fieber.	Erkältung, Grippe (→ Seite 56).
Eitrige Entzündung im Maul, abmagern.	Fremdkörper wie Röhrenknochen oder Strohalme verursachen Verletzungen innerhalb der Maulhöhle (→ Seite 56).
Erbrechen, Atemnot.	Vergiftungen z. B. durch Putzmittel (→ Seite 55).
Speicheln, Erbrechen, Appetitlosigkeit.	Verschlucken eines Fremdkörpers; Darmverschluß (→ Seite 56).
Tränende Augen, Gerötete Bindehaut.	Das Frettchen hat sich in Zugluft aufgehalten.
Das Frettchen riecht sehr streng aus der Maulhöhle.	Es hat sich Zahnstein gebildet (→ Seite 35).
Lähmungen an Extremitäten, Speicheln.	Mögliche Bakterien-Erkrankung (Botulismus) durch verdorbenes Futter.
Häufiges und sehr heftiges Kopfschütteln, Kratzen am Ohr.	Ohrmilben (→ Seite 55).
Kaum behaarter fettiger Schwanz.	Das Frettchen neigt während des Fellwechsels zu übermäßiger Produktion von Talg am Schwanz (→ Seite 58).
Mattigkeit, Atemnot, fehlende Vitalität.	Besonders ältere Frettchen neigen zu Herzmuskelschwäche (→ Seite 57).

Das todkranke Frettchen

Infolge einer unheilbaren Krankheit oder altersbedingter Schwäche, wenn das Frettchen nicht mehr schmerzfrei leben kann, sollte man das Leiden des Tieres nicht unnötig verlängern. Entscheiden Sie dann zusammen mit dem Tierarzt, ob er Ihr Frettchen besser schmerzlos einschläfert.

Ihr totes Frettchen können Sie in der Tierarztpraxis lassen. Von dort wird es in eine Tierkörperbeseitigungsanstalt gegeben.
Nach den gesetzlichen Bestimmungen dürfen Sie jedoch auch Ihr Frettchen im eigenen Garten, unter einer mindestens 50 cm dicken Erdschicht, begraben.

60 REGISTER

Die halbfett gesetzten Seitenzahlen verweisen auf Farbfotos und Zeichnungen.

A

Abmagern	57, 59
Abwehr	**42**
Albino-Frettchen	U1, 12, **12**
Alter	4, 6, 10
Alter beim Kauf	10
Amme	38
Analdrüsen	46
Analkontrolle	43, **49**
Anschaffung	9
Angst	41, 47
Anspannung	41
Appetitlosigkeit	53, 59
Atemnot	55, 59
Augen, tränende	59
Auslauf in der Wohnung	22
Ausruhen	41
Ausstattung	14, 15, 16, 17

B

Babynahrung	31
Baden	35
Baumwolltücher	15, 17
Beißen	19
Beschäftigung	49, 50, 51
Bindehaut, gerötete	59
Blindarm	10
Branten	14
Buddelkiste	25, 49, 50, **51**
Buddeln	6/7, 42

D

Darmverschluß	55, 59
Dauerranz	11
Deckakt	14, 37, **38**
Dosenfutter	27
Duftstoffe	46
Durchfall	56

E

Eigelb	32
Eigenschaften	4
Eingewöhnen	18, 19
Einklemmen	26
Einschläfern	59
Einzelhaltung	7
Eiweiß	33
Entlaufen	26
Entwicklung der Welpen	39
Entwurmen	53
Entzündung im Maul	59
Erbrechen	59
Erkrankung der Nebennierenrinde	57
Ernährung	29
Ersticken	26
Erziehung	28

F

Fachsprache	14
Fähe	**10**, 11, 14
Farbschläge	12, 13
- Albino-Frettchen	U1, 12, **12**
- Harlekin-Frettchen	13, **13**
- Iltisfrettchen	U1, U2, 12, **12**
- Pandailtis-Frettchen	13, **13**
- Reinweiß mit dunklen Augen	12, **12**
- Siamfarbener Harlekin	U4, 13, **13**
- Siam-Frettchen	U1, 12, **12**
- Steppentilits-Frettchen	13, **13**
Fauchen	43
Fell	53
Fellfarben	12, 13
Fellpflege	34, **34**, 42
Fertigfutter	29
Fette	33
Fieber messen	**58**
Fiepen	43
Fleisch	31
Flöhe	55
Fremdkörper verschlucken	55
Frettchen aneinander gewöhnen	21
Frettchen, bissiges	46
Frettchenstreu	16
Frettchen, störrisches	25
Frettieren	9
Futter	29
- Dosen-	29
- Fertig-	29
-menge	31
- Trocken-	30
-, ungesundes	32
Futter »bunkern«	31, 42
Futternäpfe	15, 16, 17

G

Gebiß	10
-kontrolle	35, **35**
Geburt	38
Gefahren	26
Geheck	14
Gehege	15, **15**
Gemüse	32
Geruch, typischer	46
Geschichte	9
Geschirr	26
Geschlechtsreife	36
Gesundheitsvorsorge	53
Gewicht	10
Granne	14
Grippe	56

H

Haarwechsel	58
Haltung	
- auf Balkon	17
- auf Terrasse	17
- Einzel-	7
- im Freien	17
- Paar-	7
Hamster	22
Handzahm machen	18, 19, 24
Hängematte	**14**, **61**
Harlekin-Frettchen	13, **13**
Heimtiere, andere	21
Heimtierstreu	17
Herzerkrankungen	57
Hitzschlag	26
Hochhüpfen	41
Hochnehmen	**19**, 25
Hören	48
Hormondrüsen	57
Hund	22

Register A bis R

I

Iltis	4, 9
Iltisfrettchen	**U1**, **U2**, 12, **12**
Impfen	54
Internet	43
Inzucht	7

J

Juckreiz	57

K

Käfig	14, 15
-größe	14
-, reinigen	34
-standort	17
Kalzium	33
Katze	22
Katzenspielzeug	50
Katzenstreu	16
Katzentoilette	16, 17, 18, **18**
Kastration	58
Kauf	10
Kinder und Frettchen	23, 37
Kletterbaum	**22**
Knochenbrüche	26
Kohlenhydrate	33
Kokzidien	54
Körpersprache	47
Körpertemperatur	53
Kot	53
Krallen schneiden	35, **35**
Krallenzange	17
Krämpfe	55
Krankheiten	53
Krankheits- anzeichen	53, 59

L

Lähmungen	55, 59
Länge	10
Läufe	10
Lautsprache	43
Lebens- erwartung	4, 6, 10
Leckerbissen	32
Leine	26
Losung	14

M

Marderartige	9
Markieren	46, 47
Meerschweinchen	22
Milben	55
»Muckern«	43
Mustela putorius furo	9
Mustelidae	9

N

Nahrung	29
Nahrungsmenge	31
Name geben	39
Neugierde	42
Nießen	59
Nippeltränke	**15**, 16

O

Obst	32
Ohren säubern	**34**, 35
Ohrmilben	55, 59
Östrogen	11

P

Paarhaltung	7
Paarungsverhalten	37
Pandailtis- Frettchen	13, **13**
Parasiten	55
Pflege	34, 35
Pflege- utensilien	17, 34
Proteine	33

R

Ranzzeit	14
Reinigungs- arbeiten	34
Reinweißes Frettchen	12, **12**
Riechen	48
Rosinen	31
Rüde	10, 11, 14
Rute	14

Die Hängematte haben diese drei zu ihrem Lieblingsplatz erkoren.

ADRESSEN

Säugen 39, **39**
Schlaf-
 häuschen 15, 17
 - auspolstern 15, 17
Schlafsack **14**
Schleimhäute,
 blasse 11
Schnalle 14
Schock 26
Schwanz
 - Fettiger 59
 - Kahler 59
Sehen 10, 48
Siamfarbener
 Harlekin **U4**, 13,
 13
Siam-Frettchen
 U1, 12, **12**
Sinnesleistungen 48
Spaziergang
 im Freien 27
Speicheln 56, 59
Spielen **22**, 27, 49
Spielzeug 16, 17, **22**,
25, **27**, **46**, 49, **50**,
 51
Spielverhalten 23
Springen 56, 57
Staupe 54
Steppentilits-
 Frettchen 13, **13**
Stöbern 42
Stromschlag 26
Stubenreinheit 18

Tastsinn 48
Tierarzt 55
Tollwut 54
Tragen **19**, 25

Tragzeit 14, 38
Transport 18
Transportbox **17**, 18,
 18
Trinken 31
Trockenfutter 31

Übermut 42, 47
Umgang 21

Verbrennen 26
Vergiftungen 26, 55
Verhaltensweisen 41,
 44, 45
Vertrauen
 aufbauen 18, 19
Vitamine 33
Vitaminpaste 31, **54**
Vulva 14

Welpen, Ent-
 wicklung der **36**, 39
Wesen 4, 9
Wohlfühlen 41
Wurf 14
 -kiste 38

Zahnstein 35, 59
Zecken 55
Zimmervoliere 14
Zittern 41
Zubehör 16
Zugluft 17, 59
Zucht 36
 -tiere 36
Zwergkaninchen 22

Adressen, die weiterhelfen

• Bundesarbeitsgruppe Kleinsäuger, Auskunft über Herrn Klaus Rudloff, Tierpark Berlin Friedrichsfelde,
Am Tierpark 125,
10307 Berlin
oder Frau Anjali Gutleber, Landshuter Str. 36,
84187 Wenghörmannsdorf

• 1.Bundesverband der Frettchenfreunde Deutschlands e.V.
Geschäftsstelle:
Dürkheimer Straße 72
65934 Frankfurt

• Frettchen und Marder Club Deutschland e.V.
Daniela Blanke
Eifelweg 16
30851 Langenhagen

• Frettchen Club Berlin e.V.
Kerstin Fritsch
Düsseldorfer Straße 14
10719 Berlin

• Frettchen und Frettier Club Deutschland e.V.
Wolfgang Schneider
Alte Frankfurter Str. 40
61118 Bad Vilbel

• S.F.F.S. Swiss Fancy Ferret Society
Urs Murbach
Hardstraße 41
CH-5432 Neuenhof

Bücher, die weiterhelfen

(falls nicht im Buchhandel, dann in Bibliotheken erhältlich)

• Choukair, Karim:
Frettchen als Haustiere.
Kach-Verlag, Hanau

• Unsere Frettchen - liebenswerte Hausgenossen. Frettchen-Club Berlin

• Wenzel, U.D: Frettchen in der Kleintierpraxis, Enke Verlag. Stuttgart

Zeitschriften und Broschüren

Das Tier,
Egmont Ehapa Verlag,
70771 Leinfelden-Echterdingen

Geflügel-Börse,
Verlag Jürgens KG,
82102 Germering

Hamster & Co,
Branchen-Fachverlag
Ulrich,
36211 Alheim

Der Autor

Karim Choukair beschäftigt sich schon seit vielen Jahren intensiv mit dem Frettchen als Heimtier.
Als Gründungsmitglied des ersten deutschen Frettchenclubs (Frettchen Freunde Hanau) wurde er Ansprechpartner für Frettchenhalter im gesamten deutschsprachigen Raum.

Der Zeichner

Johann Brandstetter ist ausgebildeter Restaurator und Maler. Er wech-

Wichtige Hinweise 63

selte, angeregt durch Forschungsreisen mit Biologen in Zentralafrika und Asien, zum Pflanzen- und Tierzeichner. Seit mehreren Jahren illustriert er Bücher für namhafte Naturbuchverlage.

Die Fotografin

Die Fotos in diesem Buch stammen von Christine Steimer, mit Ausnahme von: Monika Wegler: Seite U2, 32, 37, 40, 44 li.mi., 45 li.o., re.o., 56, 57, 64/U3. Christine Steimer arbeitet seit 1985 als freie

Fotografin. Sie hat sich 1989 auf Tierfotografie spezialisiert.

Fotos: Buchumschlag und Innenteil

Umschlagvorderseite: Itisfrettchen (großes Foto); Albino und Siam-Frettchen (kleines Foto). Umschlagrückseite: Siam-Harlekin-Frettchen.
Seite 1: Neugierig schaut das Iltisfrettchen, was die Fotografin macht.
Seite 2/3: Rechts der stämmige Rüde, links die zierlichere Fähe.

Wichtige Hinweise

Lassen Sie bei Ihren Frettchen unbedingt alle notwenigen Schutzimpfungen und Entwurmungen (→ Seite 53 und 54) ausführen, da sonst eine erhebliche gesundheitliche Gefährdung von Mensch und Tier möglich ist. Einige Krankheiten und Parasiten sind auf den Menschen übertragbar (→ Seite 53 und 54). Deshalb sollten Sie unbedingt einen Tierarzt zu Rate ziehen, wenn sich bei Ihren Frettchen Krankheitsanzeichen zeigen. Gehen Sie im Zweifelsfall selbst zum Arzt und weisen Sie ihn auf die Frettchenhaltung hin. Es gibt Menschen, die allergisch auf Tierhaare reagieren. Wenn Sie sich nicht sicher sind, fragen Sie vor der Anschaffung von Frettchen Ihren Arzt.
Um lebensgefährliche Stromunfälle zu verhindern, achten Sie vor allem darauf, daß Ihre Frettchen keine elektrischen Leitungen benagen. Frettchen müssen deshalb beim (notwenigen regelmäßigen) Auslauf in der Wohnung unbedingt beaufsichtigt werden.
Beim Umgang mit Ihren Frettchen können Sie durch Kratzer und Bisse verletzt werden. Lassen Sie solche Verletzungen sofort vom Arzt versorgen.

An unsere Leserinnen und Leser

Wir freuen uns, Ihre Meinung zu diesem TierRatgeber zu erfahren. Bitte schreiben Sie uns, wenn Sie Berichtigungen und Ergänzungsvorschläge haben oder wenn Ihnen etwas besonders gut gefällt.

Gräfe und Unzer Verlag
Redaktion Natur
Stichwort:
TierRatgeber
Postfach 86 03 66
D-81630 München

Seite 4/5: Zusammen mit Artgenossen fühlen sich Frettchen am wohlsten.
Seite 6/7: Gleich den gesamten Kopf hat dieses Frettchen in den Sand gesteckt. Buddeln macht eben riesig Spaß.
Seite 64: Frettchen brauchen immer neue Beschäftigungsmöglichkeiten.

Dank

Fotografin und Verlag danken Jutta und Peter Steingruber, Offenbach; G. Grabosch, Bad Vilbel, Frettchenfreunde Hessen, Sigrid und Rüdiger Appelt, Frettchen Fans Frankfurt für ihre freundliche Unterstüt-

zung bei der Fotoproduktion dieses Ratgebers.

Impressum

© 1999 Gräfe und Unzer Verlag GmbH, München. Alle Rechte vorbehalten. Nachdruck, auch auszugsweise, sowie Verbreitung durch Bild, Funk und Fernsehen, durch fotomechanische Wiedergabe, Tonträger und Datenverarbeitungssysteme jeder Art nur mit schriftlicher Genehmigung des Verlages.

Redaktion:
Gabriele Linke-Grün, Anita Zellner
Umschlaggestaltung und Layout:
Heinz Kraxenberger
Zeichnungen:
Johann Brandstätter
Herstellung: Heide Blut/ Gabie Ismaier
Satz: Heide Blut
Reproduktion:
Fotolito Longo
Druck und Bindung:
Stürtz

ISBN   3-7742-3150-8

Auflage 4. 3.   2. 1.
Jahr 2002 2001 2000 99

64 EXPERTEN-RAT

1 Kann ich mein Frettchen frei in der Wohnung, ohne Käfig halten?

Nein, Frettchen brauchen einen eigenen Bereich, in den sie sich zurückziehen können. In der Wohnung sollte dies ein geräumiger Käfig mit Schlafhäuschen sein.

2 Riechen Frettchen tatsächlich so unangenehm?

Frettchen haben einen typischen Wildgeruch. Den markanten Duftstoff aus den Analbeuteln geben die Tiere aber nur sehr selten, bei Gefahr und aus großer Angst, ab.

3 Wird ein einzeln gehaltenes Frettchen zahmer?

Frettchen sind absolut keine Einzelgänger und werden auch zu zweit oder innerhalb einer Gruppe besonders zutraulich.

4 Stimmt es, daß ich mit einem Frettchen an der Leine spazieren gehen kann?

Frettchen gewöhnen sich an Brustgeschirr und Leine. Ausdauernde Spaziergänge übersteigen jedoch ihre Kondition. Sie lieben kleine »Erkundungsgänge« an der frischen Luft.

5 Kann man jedes Frettchen zur Stubenreinheit erziehen?

Die meisten Frettchen lernen es, ihre Toilette im Käfig und in der Wohnung, während des Freilaufs, zu benutzen.

Der Experte gibt Antwort auf die 10 häufigsten Fragen zur Haltung von Frettchen.